Clemens M. Hutter

AUGEN AUF!
Wegweiser für Neugierige

D1664653

Clemens M. Hutter

AUGEN AUF!

Wegweiser für Neugierige

VERLAG ANTON PUSTET

Impressum

Bibliografische Information der Deutschen Nationalbibliothek
Die Deutsche Nationalbibliothek verzeichnet diese Publikation
in der Deutschen Nationalbibliografie; detaillierte bibliografische
Daten sind im Internet über http://dnb.d-nb.de abrufbar.

© 2015 Verlag Anton Pustet
5020 Salzburg, Bergstraße 12
Sämtliche Rechte vorbehalten.

Coverbild:
Clemens M. Hutter

Fotos von Clemens M. Hutter und Tanja Kühnel

Grafik, Satz und Produktion: Tanja Kühnel
Lektorat: Arnold Klaffenböck, Martina Schneider
Druck: Druckerei Theiss, St. Stefan im Lavanttal
Gedruckt in Österreich

ISBN 978-3-7025-0774-9

1 2 3 4 5 6 / 19 18 17 16 15

www.pustet.at

Inhalt

Sehen zum Wahrnehmen steigern

Einst nahm uns die Mutter an der Hand und führte uns über den Horizont Suppenteller und Sandkiste zu neuen Horizonten hinaus – Spielplatz, Kindergarten, Geschäft, Kirche, Schule. Das sind Ziele, bestimmt von den Zwecken Sozialisierung, Ernährung und Bildung.

Wegenetze verbinden die Fixpunkte dieser Zwecke. An Mutters Hand lernten wir die Orientierung in diesen Netzen, damit wir allein zu diesen Punkten und wieder nach Hause finden. Die Mutter ließ uns erst von der Hand, als sie guten Gewissens annehmen durfte, dass sich der Sprössling an seinem Wohnort ebenso „auskennt" wie mit Zebrastreifen und Verkehrsampeln.

Sich auszukennen heißt, dass die Orientierung auf gewohnten Wegen automatisch funktioniert. Man geht also anscheinend „gedankenlos" seines Weges, obwohl man nur über anderes als den Weg und die Orientierung sinniert: Beruf, Tanzkurs, Einkauf,

Ein windstiller Tag erwacht am Wolfgangsee.

Hausaufgaben, Handballtraining. Die alltäglichen Wege sind eher fad, also steckt man sich Stöpsel in die Ohren und holt sich Musik über das Handy. Nein, das sind keine Untugenden, das unstillbar gefräßige Gehirn will nur immerzu Futter. Weil der Zweck das Ziel der meisten Gänge (oder Fahrten) ist, nehmen wir auch nicht wirklich wahr, was unsere Augen seit Langem sehen. Dazu eine Probe aufs Exempel: Man gehe einen gewohnten Weg bewusst langsam und taste alle Gebäude, Gärten und Gegenstände am Wegesrand mit den Augen genau ab. Wetten, es stellt sich die Überraschung ein, dass man sich an seinem Wohnort bei Weitem nicht perfekt „auskennt"?

„Augen auf" kann daher recht unterhaltsam sein, weil wir Einsichten in unsere Herkunft, in die Merkmale unserer Identität, in immaterielle Kulturgüter und in die Tatsache gewinnen (könnten), was wem warum und wann wichtig war oder heute ist. Schließlich sind diese individuellen Details auch (wenngleich vielleicht winzige) Details unserer Kultur.

Wer hastet, sieht nichts

„Augen auf" heißt, mit den Augen zu wandern. Das verträgt keine Hast, sondern nur ein bedächtiges Gehtempo. Im Gegensatz zu den Städten ist auf dem Land unbeachtet Sehenswertes leider so weit verstreut wie die Dörfer und Weiler. Weil wir aber nicht „leere Kilometer" herunterwandern wollen, kommt man ohne die Transportmittel Fahrrad oder Auto nicht aus.

In Städten bilden Straßennamen ein sicheres System. Auch auf dem Land bedarf es keiner Routenbeschreibung, das dichte Netz der (gelben) Wegweiser bietet hinreichende Orientierung.

Im Auto ist das „Navi" prima, für das Unternehmen „Augen auf" taugt es weniger. Wer mit den Augen wandert, will doch selbstständig entdecken und nicht als „Unmündiger" am Gängelband hängen. Eine Wanderkarte (auch aus dem Internet), kom-

Weil die Orte weit in das Grünland hinauswachsen, ziehen Fronleichnamsprozessionen kaum noch durch die Felder – wie in Bergheim.

biniert mit den gelben und den amtlichen Wegweisern (und vielleicht auch mit einem Kompass), nützt zur Vorbereitung und als Tourbegleiter am besten.

◆ Die bekannten und von der Werbung herausgestellten Sehenswürdigkeiten bedürfen keines Augenöffners, wohl aber die vielen Kleinigkeiten. Sie sind von der zivilisatorischen Globalisierung noch nicht nieder- oder gleichgebügelt worden.

◆ Diese Kleinigkeiten wurzeln vorwiegend im religiösen Verhalten der Menschen, in der bäuerlichen Lebensweise, in den handwerklichen Produktionsformen und im Handel. Das Verständnis dessen, was die Menschen einst aus welchem Grund taten oder nicht taten, kann uns Respekt und Toleranz für unübliche Verhaltensweisen lehren, die wir auf den ersten Blick nicht durchschauen.

◆ Es ist lohnend, mit den Augen (und der Kamera) auf Details zu verweilen, damit man die Größe im Kleinen wahrnimmt.

◆ An vielen Gebäuden, Kleindenkmälern oder Bäumen sind (oft unansehnliche) Infotafeln. Jede davon verdient Beachtung.

Ausbruch aus dem Mittelalter

Nach seiner Wahl 1587 zum Fürsterzbischof von Salzburg ging der in Rom ausgebildete Wolf Dietrich von Raitenau daran, aus dem mittelalterlichen Salzburg mit seinen düsteren Gassen und schmutzigen Plätzen eine Fürstenstadt nach italienischem Vorbild zu formen. 1598 brannte der Dom ab, 1602 ließ der Fürst die Domruine schleifen. 1604 engagierte er den venezianischen Stararchitekten Vincenzo Scamozzi, damit er einen neuen Dom baue und sein Idealbild einer Stadt mit vier Plätzen in Salzburg verwirkliche. Immerhin bestanden in Salzburg bereits teils verbaute Plätze an drei Seiten des Doms sowie der Waagplatz. Raum für den Michaelerplatz (Mozartplatz) und die Neue Residenz machte Wolf Dietrich durch den Abriss von 55 Häusern, den Domfriedhof verlegte er vom Residenzplatz nach St. Sebastian. Scamozzi plante zu großzügig, also übernahm Santino Solari die etwas bescheidenere Stadtplanung; so vor allem einen Dom von 99 statt 130 Metern Länge.

Etwa ein Drittel des (heutigen) Kapitelplatzes beanspruchte das Domkloster – es wurde abgebrochen. Also war auch dieser Platz frei. Mitten auf dem Platz stand ab 1661 eine Pferdeschwemme, die Fürsterzbischof Leopold Anton Firmian 1732 an den Rand des Platzes verlegen ließ.

Die Neue Residenz machte seit der Säkularisation den Wandel von einem Regierungsgebäude und einem Gericht zum Salzburg Museum und in einem anderen Trakt zum Hauptpostamt durch.

Die segnende Hand Gottes stellt den Zusammenhang mit der Immaculata auf dem Domplatz her.

Im Innenhof der Neuen Residenz fallen breite fahle Linien im Boden kaum auf. Sie bilden exakt jenen Teil des römischen Iuvavum ab, der dort 2003 ausgegraben wurde: Gassen, Häuser, Schmelzöfen.

Ein Glanzstück der Neuen Residenz ist das Glockenspiel, das Fürsterzbischof Johann Ernst Thun 1695 in Antwerpen erworben hatte. Sein Hofuhrmacher Jeremias Sauter (eine Gedenktafel findet sich am Dr.-Herbert-Klein-Weg zwischen Toscaninihof und Bürgermeisterloch) meisterte dann die knifflige Aufgabe, den mechanischen Antrieb für dieses Glockenspiel herzustellen.

Im ehemaligen Bezirksgericht unter dem Glockenspiel absolvierte Theodor Herzl (1860–1904) 1885 sechs Wochen Gerichtspraktikum. Sein Hauptwerk „Der Judenstaat" gilt als Gründungsmanifest des Staates Israel. Herzl verließ Salzburg ernüchtert, weil er „als Jude nie zur Stellung eines Richtern befördert worden wäre". Sein Salzburger Arbeitsplatz sollte mit einer Gedenktafel

Fehlt das Laub und liegt etwas Schnee, dann gewinnen die strategischen Wehranlagen der Festung unterhalb der Bastionen Konturen.

gewürdigt werden. Nach beschämendem Gezerre reichte es dann wohl für eine Gedenktafel – aber an der ehemaligen fürsterzbischöflichen Wagenremise am Mozartplatz.

Erst 44 Jahre nach Wolfgang Amadeus (= Gottlieb) Mozarts Tod tauchte die Idee auf, dem großen Meister endlich in seiner Geburtsstadt auf dem Michaelerplatz ein Denkmal zu setzen. Eine internationale Sammelaktion brachte schließlich dafür das Geld auf. Allerdings musste das Denkmal ein Jahr warten, weil beim Aushub des Fundaments römische Mosaikböden zum Vorschein kamen. 1842 wurde das Denkmal dann feierlich enthüllt. Mozarts 80-jährige

Balustrade rings um die Pferdeschwemme auf dem Kapitelplatz.

Witwe Constanze beobachtete wohl von ihrer Wohnung im ehemaligen Domherrenhaus Mozartplatz 8 aus den Bau des Denkmals, erlebte aber das große Fest der Enthüllung nicht mehr.

Seit 1 200 Jahren trennt Salzburgs älteste Pfarrkirche, das mehrfach umgebaute St. Michael, den Waagplatz vom Residenzplatz. Weil seit tausend Jahren im Besitz der Abtei St. Peter, wurde die Kirche um 1760 wie auch die Stiftskirche mit hellgrünem Rokoko-Stuck auf weißem Grund ausgeschmückt. Das bewog einen Chronisten zum Befund, dass man sich in beiden Kirchen wie in einer Weinlaube fühle – dem Weingarten Gottes. An der Kirche erinnert eine Gedenktafel an die Bücherverbrennung am

In diesem romanischen Becken im Dom ließen 1756 Leopold und Anna Maria Mozart ihren Sohn auf den Namen Joannes Chrysostomus Wolfgangus Theophilus Amadeus taufen.

30. April 1938 – dem 120. Jahrtag des Stadtbrandes von 1818 – auf dem Residenzplatz: Von Nazipartei und Schulbehörde aufgebotene Hitlerjungen warfen 1 200 Werke jüdischer und christlicher Autoren in die Flammen. Weil Salzburg als einzige österreichische Stadt diese Aktion gegen den „jüdischen Bolschewismus" durchführte, bekam sie als „Lohn" im September 1938 die Wanderausstellung „Entartete Kunst" in das Festspielhaus, die 40 000 Besucher anlockte.

Am Residenzbrunnen (1656–1661), dem größten seiner Art nördlich der Alpen, verdient auch das Meeresgetier Aufmerksamkeit, das am künstlichen Felsen herumkrabbelt.

Zu einem Abstecher in die mittelalterlich enge Bürgerstadt lädt die Goldgasse, weil sie mit (lateinischen) Inschriften in den Hohlkehlen des Eckhauses beginnt. In der Goldgasse steht: „Um das Haus vor dem drohenden Einsturz zu bewahren, errichtete (der Hausbesitzer) Jakob eine Mauer." Die roten römischen Ziffern ergeben das Jahr 1745. Warum Jakob eine Mauer hochzog, steht auf der anderen Seite: „Auf Befehl des Salzburger Fürsten Jakob Ernst (Liechtenstein) ist dieses Haus erneuert worden." Die roten Ziffern bezeichnen abermals das Jahr 1745. Offenkundig wollte der Fürsterzbischof keine Ruine am repräsentativen Residenzplatz sehen.

Die Goldgasse ist von religiösen Darstellungen vorwiegend aus dem 18. Jahrhundert gesäumt. Es beginnt mit der Flucht der Heiligen Familie vor dem Kindermörder Herodes nach Ägypten (Nr. 19), es folgen die Himmelfahrt Marias (Nr. 16 und 9) und die Madonna von Maria Plain (Nr. 13). Am Nachbarhaus ist Maria Hilf abgebildet. Auf dem kleinen Platz an der Kreuzung der Goldgasse mit der Brodgasse stellt ein Relief die Heilige Familie dar, daneben ist die Statue der Madonna von Altötting, gegenüber die Statue der Immaculata mit dem Sternenkranz um das Haupt. In der Ecke darunter steht ein Marmorbrunnen, der den Namen des Stifters Christof Prunschmid, dessen Hauszeichen und die Jahreszahl 1593 trägt.

Eine Rarität der christlichen Kunst ziert das Haus Nr. 9: der „Gnadenstuhl". Er stellt Gottvater dar, der den gekreuzigten Erlöser Christus hält, und die Taube als Symbol des Heiligen Geistes. Dieses Motiv entstand im Hochmittelalter und macht die Dreifaltigkeit in einer Person augenfällig.

Im Eckhaus Brodgasse/ Residenzplatz blieben fein gearbeitete gotische Fensterstöcke erhalten – ein stilistisch reizvoller Kontrast zum Barock der Residenz gegenüber. An diesem Gebäude findet sich eine Gedenktafel für den bedeutenden Barockmaler Michael Rottmayr.

Die Geschichte der im 17. Jahrhundert völlig umgebauten Residenz und den

Putte am Speisgitter des Doms.

Zauber der Montur 1638, geritzt in den Marmor des Domportals.

Geschmack der Landesfürsten beschreiben (lateinische) Inschriften. In der Toreinfahrt steht, dass Fürsterzbischof Guidobald Thun 1664 „die Fassade dieses Palastes und seine Flügel wegen drohenden Einsturzes mit neuen Fundamenten aus Quadern von unten abgestützt und gefestigt" habe. Die Inschrift verschweigt aber, dass Guidobald die Residenz aufstocken ließ, damit sie die Dombögen deutlich überrage. Der ausgestellte Sockel aus Quadern musste daher die geänderte Statik sicherstellen.

Das entsprach aber nicht dem Geschmack der Nachfolger Guidobalds, wie den Inschriften über den Portici des Innenhofs zu entnehmen ist. In der Mitte: „Diesen Palast erneuerten herrlicher und zweckmäßiger", daneben die Wappen Max Gandolf Kuenburgs 1670 (links) und Johann Ernst Thuns 1689 (rechts). Doch schon 31 Jahre später und 56 Jahre nach Guidobalds „Sanierung" der Statik missfiel Franz Anton Harrach der Zustand der Residenz. Die Inschrift über dem Hauptportal stellt fest, der

Fürst habe „diesen Palast innen und außen in einen geschmackvolleren und zweckmäßigeren Zustand gebracht".

Durch die Dombögen mit ihren furchterregenden Wasserspeiern betritt man den Domplatz, das Atrium der Kathedrale, deren Zweck die (lateinische) Inschrift an der Fassade klarstellt: „Das ist das Haus Gottes, in dem sein Name angerufen wird." Vor den drei Portalen der Vorhalle stehen innen die Apostelfürsten Petrus (mit Schlüsseln zum Himmel) und Paulus (mit Schwert, weil enthauptet) und außen Rupertus (mit Salzfässchen) und Virgil (mit dem ersten Dom). Auf halber Höhe sind die vier Evangelisten Matthäus (mit Buch), Lukas (mit Stier), Markus (mit Löwen) und Johannes (mit Adler), beiderseits des Giebels die Propheten Moses und Elias und ganz droben segnend Christus Salvator (Erlöser). In der Mitte verewigten sich mit ihrem Wappen die Bauherren Markus Sittikus (Steinbock) und Paris Lodron (Löwe mit Brezelschweif).

Gotische Fensterstöcke an der Schnittstelle
zwischen Residenzplatz und Altem Markt.

Salzburgs Urzelle und Frischzelle

Die Klöster der Benediktiner und der Franziskaner sowie der Petersfriedhof bilden seit Jahrhunderten die Salzburger „Mönchsstadt" zwischen Kapitelplatz und Festspielhaus. Die kulturgeschichtliche Bedeutung dieser Klöster ist allein an den Bauten sowie an der Tatsache abzulesen, dass Fürsterzbischof Paris Lodron ohne Benediktiner nicht 1622 die Universität hätte gründen können.

Sankt Peter ist die Urzelle Salzburgs und seit 1143 Quelle der umfassenden Versorgung der Stadt mit Frisch-, Brauch- und Löschwasser aus dem Almkanal. Diese Quelle fließt neben der seit 1160 bestehenden Stiftsbäckerei (Gedenktafel) aus dem von 1137 bis 1143 mühsam durch den Mönchsberg gemeißelten, 410 Meter langen Stollen des Almkanals. Pro Sekunde strömen 860 Liter Wasser aus dem Berg. Die Hälfte dieser Wassermenge treibt ein Mühlrad, das die Bäckerei mit zehn Kilowatt Energie versorgt.

An dieser Quelle verteilt der Almkanal seine Wasserfracht gleichmäßig auf die beiden ursprünglichen „Almherren", das Domkapitel und das Stift St. Peter. Der „Stiftsarm" leitet Wasser durch den Klostergarten zum Festspielhaus, durch den Furtwänglerpark und den offenen Brunnen auf dem Universitätsplatz zur Salzach beim „Fischkrieg". Beim Festspielhaus zweigt der Hofstallarm ab. Er versorgte einst die Hofstallungen (für rund 130 Pferde) und die Pferdeschwemme auf dem Herbert-von-

Mit dieser „Schwurhand" am Westportal der Franziskanerkirche gelobte der Architekt, diese Kirche nirgendwo „nachzubauen".

Karajan-Platz und schwenkt dann durch Münzgasse, Badergässchen und AVA-Hof ab in die Salzach. Dort betreibt die Alm noch eine unterirdische „hydraulische Schnecke", die jährlich rund 270 000 Kilowattstunden Strom liefert, was dem Jahresbedarf von annähernd 80 Haushalten entspricht.

Der „Kapitelarm" verteilt Wasser in zwei Strängen: durch den jetzt stillgelegten Kanal zum Chiemseehof und zur Salzach sowie um den Dom herum zum Waagplatz und weiter zur Salzach.

Der Petersfriedhof liegt auf leicht abschüssiger Fläche, weil prähistorische Bergstürze hier Schutt abgelagert haben. Um die Margarethenkapelle ziehen im Halbkreis die Arkaden mit Grüften, in denen prominente Persönlichkeiten ruhen, wie der Dombaumeister und Festungsingenieur Santino Solari (Nr. XXX), die Familie Haffner (Nr. XXXIX) oder in der Commungruft neben dem Eingang zu den Katakomben Mozarts Schwester Nannerl und Michael Haydn. Von Paul Hofhaimers Grab blieb lediglich eine Gedenktafel an der Kreuzkapelle. Unter den Erdgräbern fallen die sieben Kreuze der Familie Stumpfegger auf. Ehe diese einst stark verwitterten Kreuze aus dem 18. Jahrhundert restauriert wurden, behauptete der Volksmund, dass hier die sieben Frauen des Ritters Blaubart begraben seien.

Ein Besuch des Peterskellers lohnt wegen der unscheinbaren, aber sehr erfreulichen lateinischen Inschrift im Eck oberhalb des inneren Portals: Abt Kilian hat diesen Weinkeller 1529 „gewissermaßen für das Gemeinwohl vergrößert".

In rund 1,8 Metern Tiefe wurde 2011 im Hof von St. Peter ein römischer Mosaikboden entdeckt und geborgen.

Im Innenhof des Toskanatraktes blieb ein römischer Mosaikboden aus dem 3. Jahrhundert erhalten.

Ein besonderes Relikt der Römerzeit liegt auf dem Boden der Arkaden im Innenhof des Toskanatrakts: Reste von Mosaikböden in unterschiedlicher Qualität. Die „grobe" Variante kommt auf rund 6 000 Steinchen je Quadratmeter, die „feine" Ausfertigung aber auf gut 9 000.

Vor dem Portal des Innenhofs überblickt man den 1432 fertiggestellten Chor der Franziskanerkirche in seiner imponierenden Größe. Es fehlen aber die Charakteristika gotischer Sakralbauten: die Strebepfeiler als Stützen des Gewölbes. Die Architekten versetzten diese Pfeiler in den Innenraum der Kirche und schufen so die Voraussetzung für den Kapellenkranz rings um den Hochaltar. Das romanische Langhaus (12. Jahrhundert), der gotische Chor (15. Jahrhundert) und die barocken Kapellen (17. Jahrhundert) fügen sich zum stilistischen Reiz dieses Sakralbaus. Hinzu kommen noch drei Raritäten: Der marmorne Altar in der Kapelle hinter dem Hochaltar stammt aus dem romanischen Dom.

Beim Bau der Franziskanerkirche im 15. Jahrhundert verlegte der Architekt die statisch unerlässlichen Strebepfeiler in das Innere des Chors und schuf damit die Voraussetzung für den später eingefügten Kapellenkranz.

Der Wechsel von weißem und rotem Marmor in den beiden romanischen Portalen (und jenem von St. Peter) ist ein maurisches Stilelement, das über die Lombardei nach Salzburg kam. Rechts unten am Westportal ist eine „Schwurhand". Damit gelobte der Architekt, dass er nirgendwo eine gleiche Kirche bauen werde – ein „umgekehrtes" Copyright also.

Schräg gegenüber diesem Portal steht das Kapellhaus. Die lateinische Inschrift enthält die Widmung des Fürsterzbischofs Max Gandolf von 1674: „… für den Zweck der Musik". Hier wohnten die Dom-Kapellknaben, denen Fürsterzbischof Leopold Anton Firmian 1733 vor der Edmundsburg „ein schattiges Gärtchen zur Erholung zwischen ihren heiligen Gesängen" stiftete.

So steht es lateinisch auf einer unscheinbaren Gedenktafel über den letzten Stufen der Clemens-Holzmeister-Stiege.

Nebenan bei der Einfahrt in den Franziskanergarten verweist eine Tafel auf den Gestapo-Terror zwischen 1938 und 1945. Die Gestapo hatte das Kloster beschlagnahmt und annähernd 2000 Salzburger durch die Mangel systematischer Folter gedreht. Ein Viertel dieser Opfer endete in Konzentrationslagern.

Auf dem Umweg über Italien kam ein maurisches Stilelement nach Salzburg: der Wechsel von weißem und rotem Marmor wie an den Portalen von St. Peter und der Franziskanerkirche.

An dieser Stelle stand die aus römischen
Trümern durch den Bischof Heinrich von
Lavant im Mittelalter erbaute St. Nicolei-Kirche
1603 war dieses Kirchlein wieder baufällig und
wurde vom Erzbischof Wolf Dietrich
vollkomen erneuert. Erzbischof Hieronymus
Graf v. Colloredo ließ 1782 die Kirche schließen
und samt den dazu gehörigen Gründen zum
Verkaufe ausschreiben.
Die Realität erwarb 1788 der f. e. Hofmaurer-
Meister Joh. Gg. Laschensky, der
sie für seinen Betrieb und zu einem
Wohnhause umbaute.

Salzburgs ehemaliges Diplomatenviertel

Der Name des Kaiviertels stammt keineswegs von der Schifffahrt, sondern vom „Gehai", einem Geflecht aus Reisig und Geäst, mit dem man die Böschungen der Salzach vor der Regulierung zu befestigen suchte. Im Norden und Osten sicherten Wehrbauten dieses Viertel. Davon zeugen heute noch die Reste der Stadtmauern in der Basteigasse, im Garten der Barmherzigen Brüder und in der Schanzlgasse. Beim abgerissenen Kajetanertor zwischen Justizgebäude und Kajetanergarten setzte die geschäftige Kaigasse an, die Verkehrsader des einstigen „Diplomatenviertels", in dem die Vertretungen der Suffraganbistümer residierten. Das bezeichnet selbstständige Bistümer, die als Teil einer Kirchenprovinz der Aufsicht eines Metropoliten unterstehen – in diesem Fall des Erzbischofs von Salzburg.

Unverändert erhalten blieb der Chiemseehof, in dem der Bischof des kleinen Bistums rings um den Chiemsee residierte und das Amt des Salzburger Weihbischofs bekleidete.

Vom Gurkerhof (Bistum Gurk/Klagenfurt) blieb lediglich der Name erhalten. Diese „Botschaft" baute der Architekt Martin Knoll 1931/32 zum „Posthof" um, ein geglückter Versuch, modernes Bauen in altstädtisches Ambiente einzufügen.

Gleich nebenan im Berchtesgadener Hof residierte der Vertreter der Fürstpropstei Berchtesgaden, die bis zur Säkularisation zur Salzburger Kirchenprovinz zählte. Kardinal Schwarzenberg nutzte dieses Gebäude 1836 als Keimzelle des Borromäums, das 1847 in das „alte Borromäum" an der Dreifaltigkeitsgasse und 1912 in den

Erinnerung an die abgerissene Nikolai-Kirche in der Kaigasse.

HIER STAND
1628 – 1805
DIE
ALLERSEELEN-
KIRCHE AM KAI

Erinnerung an die ehemalige
„Allerseelenkirche am Kai".

Neubau an der Gaisbergstraße übersiedelte.

Am ersten Haus der Herrengasse erinnert eine Tafel an den Maler, Architekten und Kunsterzieher Georg Pezolt, den Kardinal Schwarzenberg zu Salzburgs erstem (ehrenamtlichen) Denkmalschützer ernannte. Die Herrengasse verdankt ihren Namen nicht einigen Herren, die dort ihren Hormonhaushalt pflegten, sondern den Wohnhäusern der Domherren.

Gegenüber am Standort des Blocks zwischen Krotach- und Kaigasse (ehemals Mozartkino) befand sich in römischer Zeit

GURKERHOF
1326 VON DEN FÜRSTBISCHÖFEN VON GURK ERWORBEN
1423 BIS 1772 DEN HERREN VON UIBERACKER ÜBERLASSEN
1841 BIS 1871 IM BESITZE DES DR. FRANZ EDLEN V. HILLEPRANDT,
GRÜNDERS DES MOZARTEUMS UND DES DOMMUSIKVEREINES.
ÜBER ANTRAG DES LANDESHAUPTMANNES DR. FRANZ REHRL
VOM LANDE SALZBURG MIT DER BUNDES-WOHNBAUFÖRDERUNG
UNTER VERBREITERUNG DER KAIGASSE UM 8 METER
IM NOTJAHRE 1932 NEU ERBAUT.

Gurkerhof im „Diplomatenviertel" in der Kaigasse.

ein Tempel zu Ehren des „Gesundheitsgottes" Asklepios. Das erklärt das scharfe Eck der Kaigasse, weil die „römische Kaigasse" diesem massigen Bau ausweichen musste. Das vornehme Eckhaus Kaigasse/Kapitelgasse ließ Fürsterzbischof Wolf Dietrich als Sitz der Domdechantei bauen.

Am Eckhaus gegenüber informiert eine Tafel, dass hier von 1628 bis 1805 die „Allerseelenkirche am Kai" stand. Sie fiel ebenso spurlos Umbauten zum Opfer wie 1805 die 1619 errichtete Salvator-Kirche (Haus Nr. 4).

Zwei Häuser weiter an der Neuen Residenz, dem Salzburg Museum, endete das „Diplomatenviertel". Bis 1587 stand hier der Seckauer Hof (Diözese Graz/Seckau). Wolf Dietrich ließ dieses Gebäude abreißen, um Platz für die Neue Residenz zu schaffen.

Gedenktafel für Paracelsus und eine lateinische Titelsammlung: „Dieses Kapitelhaus errichtete von Grund auf Max Gandolf, Graf von Kuenburg, durch Gottes Gnade Erzbischof und Fürst von Salzburg und des heiligen Stuhls (Vatikan) apostolischer Legat im Jahr des Herrn 1671."

16 77

IESVS MARIA IOSEPH
EVCH BEVELCHEN WIER VNS

Judenhass, Frömmigkeit und Handwerk

Der Waagplatz hat seinen Namen von der Stadtwaage, die im 17. und 18. Jahrhundert im Haus Nr. 3 zu Diensten stand. Zuvor diente dieses Gebäude als Rathaus. Im Haus schräg gegenüber kam 1887 der Dichter Georg Trakl zur Welt, seine Jugend verbrachte er im Haus Mozartplatz 2 (Gedenktafeln). Im Innenhof des Traklhauses erinnert eine Büste an Léopold Sédar Senghor, ehemals Präsident des Senegal, Mitglied der „Académie française" und bedeutender Schriftsteller, der Trakls Werke ins Französische übersetzt hat.

Das Haus am Waagplatz Nr. 1 erlebte eine wechselvolle Geschichte: ab dem 11. Jahrhundert Stadtgericht, dann städtische Trinkstube, schließlich Nobelhotel „Erzherzog Karl", in dem unter anderen der deutsche Kaiser Wilhelm I. und sein „eiserner Kanzler" Bismarck auf Durchreisen zu Kuren in Gastein sowie Kaiserin Elisabeth und Kaiser Franz Joseph I. abgestiegen sind (Gedenktafel).

Der Waagplatz mündet in die Judengasse, deren Name an ein dunkles Kapitel der Stadtgeschichte erinnert. Beim Hotel „Radisson Altstadt" befand sich im Mittelalter die Synagoge, zumal Juden trotz häufiger Übergriffe von 1284 bis zu ihrer endgültigen Vertreibung 1498 in dieser Gasse ihren Geschäften nachgingen. Die infamste

Die Madonna von Plain aus Marmor gemeißelt und gemalt.

Zunftzeichen eines Schneiders aus dem Jahr 1506.

Schmähung der Juden ließ Fürsterzbischof Colloredo 1785 zerschlagen: das Relief der „Judensau", das ab 1487 am alten Rathaus auf dem Waagplatz den Hass auf die angeblichen „Gottesmörder" und „Brunnenvergifter" am Glühen hielt. Es zeigte ein Mutterschwein, das Judenkinder säugt. Was wohl der heilige Michael über dies alles gedacht haben mag? Er steht mit erhobenem Flammenschwert an der Ecke des Hotels, in der Linken die Waage, um Gutes gegen Böses abzurechnen, und den linken Fuß auf dem Kopf des Teufels.

In dichter Folge bietet die kurze Judengasse Beachtenswertes: die Plainer Madonna im Bild (Nr. 13) und als marmornes Relief aus 1677 mit der Unterschrift „Jesus Maria Joseph euch bevelchen wier uns" (Nr. 4). Der heilige Bischof Urban mit Weintrauben in der Hand zeigt (wie auch am Urbankeller in Schallmoos) an, dass hier einmal mit Wein gehandelt wurde (Nr. 12). Ein Relief mit Schere und Jahreszahl 1506 machte jedem klar, dass hier ein Schneider werkt (Nr. 9). Gedenktafeln erinnern daran, dass Franz Schubert 1825 bei der Durchreise zu einer Kur in Gastein im Haus des angesehenen Kaufmannes Pauernfeind (Nr. 8) übernachtete und einen Liederabend gab; dass der bedeutende Schulreformer Karl Maria Enk von der Burg im Haus Nr. 11 starb; dass der Alpinist und Mitbegründer des Deutschen Alpenvereins Johann Stüdl 1925 im Haus Nr. 1 85-jährig verschieden ist. Im Haus Nr. 4 bestand von 1829 bis 1836 die von Gotthard Guggenmoos gegründete „Stummen- und Kretinenschuie" – Europas erste Schule für geistig behinderte Kinder (vgl. dazu auch S. 159f).

Auf dem Alten Markt verdienen vier Objekte Aufmerksamkeit: Das 1747 geschaffene Portal der Sparkasse stammt vom Leihhaus, das auf dem Makartplatz die Sicht auf die Dreifaltigkeitskirche verstellt hatte und 1907 abgerissen wurde. Die „alte Hofapotheke" übersiedelte 1591 von Mozarts Geburtshaus in das Gebäude gegenüber der Residenz und 1903 an den heutigen Standort. Die Einrichtung dieser ältesten Apotheke Salzburgs stammt aus der Zeit um 1777. Der Florianibrunnen steht an der Stelle eines 1488 angelegten Ziehbrunnens. Nach und nach umgestaltet, vollendete ihn 1734 der Bildhauer Josef Anton Pfaffinger mit der Statue des Heiligen, einer beliebten Brunnenfigur. Das älteste Stück dieses Brunnens ist das 1583 kunstvoll geschmiedete Gitter.

Am Alten Markt steht auch das „kleinste Haus" der Altstadt, mit dem um 1830 ein Gässchen zur Sigmund-Haffner-Gasse zugebaut wurde. Ein Wasserspeier soll Unheil von diesem Häuschen abwehren.

Das kleinste Altstadthaus, geschützt von einem beißbereiten Wasserspeier, steht am Alten Markt.

Marias Krönung im Himmel
(Alter Markt).

Auf dem Weiterweg durch die Churfürststraße und die Sigmund-Haffner-Gasse fällt eine lateinische Inschrift oberhalb der Buchhandlung Höllrigl auf: *Habent sua fata libelli* – Bücher haben ihre Schicksale. Die Erinnerung an die Verbrennung von Büchern „nicht arischer" Autoren 1938 auf dem Residenzplatz bezeugt das.

Drei Hausnummern weiter Richtung Mönchsberg ist der breite Langenhof, um 1670 als Palast für die Grafen Kuenburg erbaut. Im Durchgang zum Innenhof steht ein Löwe, wie ihn sich der unbekannte Bildhauer im 12. Jahrhundert ausgedacht hat. Diese Skulptur stammt aus dem romanischen Dom.

Gegenüber diesem Palast liegt der Westhof der Residenz offen da. Fürsterzbischof Wolf Dietrich ließ ihn gestalten und „Dietrichsruh" benennen. Doch es reichte nicht für den Bau eines Abschlusses anstelle des Gitters. Als Ansatz blieb lediglich die „steinerne Verlegenheit" an drei Ecken zwischen Gitter und

Gedenktafel für Franz Thaddäus von Kleimayrn am Eckhaus Churfürststraße/Sigmund-Haffner-Gasse.

So stellte sich ein Bildhauer im 12. Jahrhundert einen Löwen vor. Dieser Grabstein in der Einfahrt des Langenhofs stand ursprünglich im romanischen Dom.

Franziskanerkirche: hohe Pilaster, die nicht zur Architektur dieses Hofs passen.

Den nördlichen Zweig der Sigmund-Haffner-Gasse säumen einige Bilder und Inschriften: die Madonna mit dem Jesuskind (Nr. 6 und 7) und die Schmerzensmadonna mit dem toten Jesus (Nr. 4) sowie Gedenktafeln für den bedeutenden Salzburger Historiker und Staatsmann Johann Franz Thaddäus von Kleimayrn (Nr. 9) und zur Erinnerung an die Gründung des katholischen Gesellenvereins durch Adolph Kolping 1852 (Nr. 4).

Über das Eckhaus Sigmund-Haffner-Gasse / Kranzlmarkt zeichnet ein 36 Meter langes Sgraffito-Fries in Wort und Bild den Weg von der Wolle bis zur Kleidung nach: „Die Wolle, die man hier gewinnt/ und an dem Rad zu Garne spinnt/ die wird allhier zu Tuch gemacht/ und ferner nach der Wasch gebracht./ Es folget Farb und Scher hierauf/ womit es fertig zum Verkauf./ Der Frächter führt es über Land/ der Kaufherr prüft's mit kundger Hand/ zur Auswahl liegt das Tuch bereit/ und jedermann wählt hier sein Kleid."

Direkt am Hauseck erinnert eine Tafel an den Violinvirtuosen, Komponisten und Salzburger Hofkapellmeister Heinrich Biber (1644–1704), der als größter deutscher Geigenkünstler des 17. Jahrhunderts gilt.

Hinterhöfe sind eine Gütemarke

Man schätzt die Getreidegasse als „Einkaufsmeile", obwohl sie mit 350 Metern Länge nicht einmal die Viertelmeile misst. Gleichwohl ist sie seit jeher Salzburgs Geschäftszentrum und Kernstück der Fußgängerzone. Die vielen und teils jahrhunderte-alten Aushängeschilder drosseln das Gehtempo, weil sie als un-verwechselbare Vorläufer der „Piktogramme" optisch und inter-national verständlich anzeigen, welches Gewerbe wo seine Waren feilbietet: gutes Essen, Trachten, Kaffee oder erlesenen Schmuck. Das ist die Flanierzeile für „Windowshopping" (= weltmännisch für „Auslagenschauen"), die Vorstufe des Einkaufens. Der inter-nationale Mix veränderte naturgemäß das Angebot. Noch vor einem halben Jahrhundert gab es in der Getreidegasse drei Spiel-warenläden. Sie wichen anderen Branchen, weil Kinder ihren Träumen in „Shopping Centers" am Stadtrand günstiger nach-hängen können.

Doch weder Aushängeschilder noch Auslagen erzählen die mehr als tausendjährige Geschichte der Getreidegasse, diese er-lebt man in den Hinterhöfen und Durchhäusern. Sie entstanden, weil man die schmalbrüstigen Häuser nur nach hinten vergrö-ßern konnte, um wachsenden Raumbedarf zu decken. Bis zu vier Stockwerke hohe Arkaden dienten keineswegs für Blumenzucht und Sonnenbad, sondern sparten umbauten Raum. Man verlegte einfach Stiegenhäuser und Flure nach außen.

Nur der Fußgänger und nicht der Motorisierte in Eile kann den Aushängeschildern in der Getreidegasse entnehmen, wer was zum Kauf anbietet.

Elegante Geschäfte in den Durchhäusern und gemütliche Schanigärten in den Innenhöfen lassen nicht ahnen, was sich etwa zur Zeit Mozarts bis in die Gründerzeit vor rund 150 Jahren hier abgespielt hat: an Hauswänden hölzerne Abflüsse von den „heimlichen Gemächern" (Toiletten) in Senkgruben, die bei starkem Regen häufig überquollen, sowie – mangels Kellern – Verschläge für Karren, Arbeitsgerät und Schweine. So debattierte der Gemeinderat noch 1867 nach einer Typhusepidemie die heikle Frage, ob denn die Schweinehaltung in den Innenhöfen nicht Seuchen auslöse und daher zu verbieten sei. Der Stadtmedicus beschwichtigte die verängstigten Gemüter mit dem Befund, dass Schweineställe zwar „nicht gesund und wünschenswert", aber ungefährlich seien.

Offensichtlich verstießen die Bewohner der Getreidegasse gegen die strengen Vorschriften aus dem 17. Jahrhundert, Müll aller Art und Fäkalien in die Salzach zu entsorgen. Warum sonst ließ die Obrigkeit an Vorabenden von Feiertagen den Almkanal beim Bürgerspital öffnen und durch die Getreidegasse ableiten? Dieses künstliche Hochwasser schwemmte dann allen Schmutz in die Salzach. Erst der Bau einer leistungsfähigen Kanalisation von 1852 bis 1879 löste dieses Problem der Altstadt.

Über dem Tor zum Schatzdurchhaus schützt das Auge Gottes „dies Haus und was da gehet ein und aus". Wenige Meter dahinter hängt ein dunkles Gebilde an der Decke: ein verdorrter Hai und die Rippe eines Wales, womit einst

Ein verdorrter Hai als Aushängeschild eines ehemaligen Kolonialwarenladens im Schatzdurchhaus.

ein Kolonialwarenhändler auf seinen Laden aufmerksam machte. Vor dem Innenhof vermerkt eine Inschrift – wie auch in der Roittnerpassage – die lange Liste jener Kaufleute, die hier unter anderem den Handel mit Venedig organisierten. Im Innenhof erinnert eine Tafel daran, dass der Drechsler August Bebel, Mitbegründer der SPD, als 19-Jähriger „auf der Walz" hier ein Jahr lang in einer Drechslerei gearbeitet hat. Gleich daneben bezeichnet eine Gedenktafel im Durchhaus zur Sigmund-Haffner-Gasse das Geburtshaus Salome Alts, die ihrem Lebensgefährten Fürsterzbischof Wolf Dietrich 15 Kinder gebar.

Arkaden im Innenhof eines Durchhauses.

An Mozarts Geburtshaus sowie am Haus Nr. 39 blieben noch Wohnungsglocken aus vorelektrischer Zeit erhalten: Griffe, die per Draht mit einer Glocke am Fenster des Bewohners verbunden sind. Ein Zug herunter und schon „läutete" es oben.

Im Innenhof des Hauses Nr. 14 zeigen zwei Marken den Hochwasserstand von 1786 mit 133 Zentimetern über Boden und von 1899 mit 75 Zentimetern an. Die vergleichsweise breite Ausfahrt zum Kai ermöglichte die Zufahrt von Lastfuhrwerken zu Lagerräumen.

Das Durchhaus von Nr. 17 endet vor einem freigelegten Stück Almkanal und einer Rarität. Die schief stehende Stange wirft ihren Schatten auf die Ziffern der im Boden eingelassenen Sonnenuhr.

Dieses Gitter in einem Durchhaus dokumentiert die Kunstfertigkeit des Schmiedes: Stäbe sind mehrfach durch sich selbst gezogen.

Von Nr. 22 führt ein Durchhaus zum „Wilden Mann", so benannt wegen der Figur, die einst vor diesem Gasthaus am Kai stand und mittlerweile vor das Festspielhaus übersiedelte. Im Innenhof ist das „Niederleghaus" bezeichnet, in dem Händler seit dem 17. Jahrhundert das Niederlags- und Stapelrecht für Eisen, Wein und Getreide sowie dessen Verkauf hatten. Das erklärt die breite Einfahrt vom Kai.

Das Durchhaus von Nr. 21 endet in jenem Gebäude, in dem der berühmte Maler Adrian Ludwig Richter 1823 einen Monat lang sechs Bilder mit Motiven aus der Umgebung Salzburgs angefertigt hatte (Gedenktafel).

Bedeutende Abschnitte der Stadtgeschichte blieben in den beiden Innenhöfen des Durchhauses Nr. 24 erhalten: ein Stück der ersten Stadtmauer aus dem 13. Jahrhundert und Reste der im Zuge der Stadterweiterung vorgelagerten zweiten Stadtmauer von 1470. Dieses Durchhaus endet bei einem unauffälligen Gebäude von erheblicher Bedeutung. Die Inschrift auf der Marmortafel weist es nämlich als „Macellum Civitatis" (Fleischbank der Stadt) aus. Fürsterzbischof Wolf Dietrich ließ es 1608 errichten, damit die Fleischhauer ihre Abfälle hygienisch weniger anrüchig gleich nebenan in die Salzach entsorgen konnten.

Die Aulapassage (Nr. 25) endet vor dem Hauptportal der Alten Universität, in der sich die Große Aula befindet. Im Haus am Ende dieser Passage lebte der Komponist, Dirigent und Mozarteumsdirektor Josef Friedrich Hummel (1841–1919), der drei Jahrzehnte lang das Musikleben in Salzburg geprägt hat (Gedenktafel).

Zwei der letzten drei Durchhäuser in der Getreidegasse führen in den Hof des Sternbräu (Nr. 34 und 38), die „Stockhamerpassage" (Nr. 33) endet mit dem Zunftzeichen der Bierbrauer über dem Torbogen an der Grenze zwischen Universitäts- und Herbert-von-Karajan-Platz. Dieses Zunftzeichen und die Jahreszahl 1668 schmücken auch das Portal des Hauses Nr. 30.

Knapp vor dem Ende der Getreidegasse zweigt das Badergässchen ab, das einen kurzen Blick verdient: im Erdgeschoß massive Fensterläden aus Metall zum Schutz vor Einbrechern statt elektronischer Alarmsysteme.

Für Salzburg charakteristisches und daher denkmalgeschütztes „Kastenfenster": Die äußeren Fensterflügel sind nach außen, die inneren nach innen zu öffnen.

Die Bodensonnenuhr
auf dem Grünmarkt.

Das Gässchen erhielt seinen Namen vom mittelalterlichen „Seelen- und Armenbad" des Bürgerspitals (Nr. 50). Hier konnten Bedürftige bis 1816 jährlich dreimal ein Schwitzbad nehmen, sich zur Ader lassen sowie Haar- und Bartschnitt bekommen. „Bader" stand damals für Arzt und Friseur.

1,2 Kilometer städtische Unterwelt

Universitätsplatz und Griesgasse verlaufen waagrecht, die Getreidegasse passt sich kaum merklich dem unebenen Gelände an. Der durchschnittliche Niveauunterschied zwischen Getreide- und Griesgasse oder Universitätsplatz beträgt je rund 1,5 Meter. Folglich führen die Durchhäuser in Richtung Salzach „bergab".

Die Häuserfronten zog kein Stadtplaner mit dem Lineal, die Häuser sind also weder gleich breit noch gleich tief. Deshalb variieren die Durchhäuser in Länge und Gefälle. Die folgenden Abkürzungen bedeuten: von „G" (Getreidegasse) nach „U" (Universitätsplatz) jeweils mit Hausnummer, Durchhaus, Länge plus (+) Anstieg in Zentimetern:

G 3 – U 16 Schatzdurchhaus: 94 m, + 190 cm.

G 7 – U 15 Roittnerpassage: 85 m, + 152 cm.

G 13 – U 12 Durchhaus: 78 m, + 130 cm.

G 15 – U 11 Atzwangerdurchhaus: 68 m, + 70 cm.

G 17 – U 10 Durchhaus: 65 m, + 90 cm.

G 21 – U 8 Durchhaus: 75 m (weil U 8 weit in den Platz vorrückt), + 85 cm.

G 23 – U 7 Schmuckpassage: 73 m, + 85 cm.

G 25 – U 6 Aulapassage: 68 m, + 85 cm.

G 27 – U 4 Durchhaus: 56 m, + 84 cm.

G 31 – U 3 Ennsmannpassage: 50 m, + 155 cm (sieben Stufen!).

G 33 – U 2 Stockhamerpassage: 47 m, + 125 cm.

Die gleiche Methode auf die Durchhäuser zwischen Getreide- (G) und Griesgasse (Gr) mit einem Minus (–) für Höhen des Abstiegs angewandt, ergibt:

G 14 – Gr 15 Durchhaus: (Hochwassermarken im Innenhof) 97 m, – 130 cm.

G 22 – Gr 17 Wilder Mann: 111 m, – 200 cm.

G 24 – Gr 19 Durchhaus zwei Innenhöfe: 113 m, – 210 cm.

G 34 und 38 – Gr 23 Durchhäuser zum Stern: je 28 m, – 130 cm.

Passage Schatzdurchhaus – Sigmund-Haffner-Gasse 6: 53 m, eben.

Die „Salzburger Unterwelt" besteht aus 17 Durchhäusern mit einer Gesamtlänge von fast 1,2 Kilometern. Sie überwinden – nur Anstiege gerechnet – rund 20 Höhenmeter, also fast so viel wie die Clemens-Holzmeister-Stiege am Festspielhaus oder die Nonnbergstiege.

Solche Schlagläden aus dem 17. Jahrhundert waren garantiert einbruchssicher (Sterngässchen).

KEIN
TRINKWASSER
NO DRINKING
WATER

Mülln – die Vorstadt auf dem Hügel

Beim Klausentor beginnt die Müllner Hauptstraße, 1605 auf der schmalen Trasse der Römerstraße zwischen Mönchsberg und Salzach angelegt. Ehe die Salzach reguliert und der breite Kai aufgeschüttet worden waren, reichte die Salzach bis zur steilen Böschung dieser Verbindung zwischen Altstadt und Mülln heran. Zunehmender Verkehr erforderte den Bau der einbahnigen Umfahrung des schmalen Klausentors. Deshalb rückte der Gehsteig so weit vom Berg weg, dass heute eine kleine Gedenktafel in der Felsnische neben dem Haus Nr. 1 nicht mehr auffällt. Da steht: „Mit gnädiger Bewilligung Erzbischofs Hieronymus und auf großmüthige Verleihung der hohen Landesstände hat hier Maria Anna Theresia Mödlhamerin gebohrene Weibhauserin (der) Maria Milburgerin zu Diensten diesen Keller tief im Felsen gebaut im Jahre 1786." Das bezeichnete den Bierkeller des Hofbräus Kaltenhausen, der 1943 mit dem Ausbau zum Luftschutzstollen für 400 Personen endete. Dieses Kriegsrelikt steckt hinter zwei unscheinbaren Türen im Felsen.

Wenige Meter weiter springt ein durchaus repräsentativer Bau auf schmalem Grund ins Auge – das von Fürsterzbischof Johann Ernst Thun von 1695 bis 1697 errichtete „Klausenspital" für Soldaten, die allerdings medizinische Betreuung und Verpflegung mit ihrem Sold bestreiten mussten. In den Napoleonischen Kriegen bewältigte dieses Spital nicht mehr die wachsende Zahl von Verwundeten, weshalb das Kajetanerkloster aufgehoben und bis zum Ende des Ersten Weltkrieges in ein „Truppenspital"

Brunnen am Ende der Müllner Hauptstraße.

Dieses Bild an der Landespflegeanstalt zeigt den heiligen Martin, wie er die Hälfte seines Mantels einem Bettler schenkt.

umgewandelt wurde. Das Klausenspital diente ab 1813 bis zum Ersten Weltkrieg als Kaserne.

Den Zweck einer kleinen Kirche mit anschließendem Haus (Nr. 6) erschließt das große Bild an der Fassade: Hoch zu Ross begegnet der heilige Martin einem frierenden Bettler und schenkt ihm die mit seinem Schwert abgetrennte Hälfte seines Mantels. In der folgenden Nacht erscheint ihm Christus mit diesem Mantelstück bekleidet und sagt, er habe als Bettler Martin prüfen wollen. Hier steht seit dem 13. Jahrhundert das „Leprosenhaus" (heute Landespflegeanstalt), in dem mit ansteckenden Krankheiten wie Lepra Behaftete weitab von der Stadt Unterkunft und Pflege bekamen.

Ab hier durchquert die Straße mit einem Anstieg um neun Höhenmeter die alte Vorstadt am Müllner Hügel. Die Jahreszahlen in den Hohlkehlen verweisen auf mittelalterliche Bausubstanz und die Hauszeichen auf unterschiedliche Handwerke. Ausleger mit Rollen über den großen Fenstern im obersten Stockwerk erinnern an den „Lastenlift", mit dem man schwere Stücke dem richtigen Stockwerk zustellen konnte. Das Haus Nr. 18 ziert ein Bild der Heiligen Drei Könige, die dem Christkind ihre Gaben darbringen.

Vor dem Haus Nr. 26 plätschert einer der schönsten Brunnen Salzburgs: Ein Putto sitzt auf den Schwanzflossen zweier Delphine, die Wasser speien. Diese 1727 geschaffene Szene greift den griechischen Mythos vom Delphin als Retter Schiffbrüchiger auf. Später deutete das Christentum den aus dem Wasser springenden Delphin als Symbol für Bekehrte, die aus dem Taufbecken steigen und nun mit Freude ihren Glauben leben. Auf der anderen Straßenseite steht seit Ende des Mittelalters das „Weiße Schwanenwirtshaus" – der „Krimpelstätter". Im Gastgarten verweist eine Kartusche mit einem Hauszeichen auf die Vorbesitzer

Lastenaufzug in der Müllner Hauptstraße.

Die Heiligen Drei Könige beschenken das Jesuskind mit Kostbarkeiten jener Zeit: Gold, Weihrauch (vertreibt Ungeziefer) und Myrrhe (wirkt gegen Entzündungen).

„Hannß Prambsteidel (und seine Frau) Anna, 1642". Unter dem Krimpelstätter hindurch verläuft der in Leopoldskron abzweigende Maxglaner Arm des Almkanals, der den Mühlen auf dem Abhang hinunter zur Salzach die Energie lieferte. Von diesen Mühlen stammt der Name des heutigen Stadtteils „Mülln".

Die Müllner Hauptstraße endet vor den weitläufigen Landeskliniken. Fürsterzbischof Johann Ernst Thun erwarb 1688 das Schloss Müllegg, ließ es schleifen und an dieser Stelle von Johann Bernhard Fischer von Erlach bis 1703 das St.-Johanns-Spital errichten: die Johanneskirche, flankiert von den Spitalsflügeln. Das dokumentiert eine lateinische Inschrift über der Innenseite des Kirchenportals. Dieses damals hochmoderne Spital mit großen Fenstern ersetzte das Bürgerspital, dessen düstere Zimmer teils aus dem Felsen geschlagen worden waren. Aufmerksamkeit verdient eine von den Füßen Tausender Passanten abgeschliffene (lateinische) Inschrift auf dem Boden in der Vorhalle der Kirche: „Wanderer, halte inne! (Auch du,) Priester – Bist du müde? Hier hast du eine Herberge – Bist du krank? Hier hast du ein Spital – Bist du (einmal) verstorben? Siehe hier ein Grab – Damit du dich auf dem Weg in die Ewigkeit nicht verirrst, hast du (hier) den Wegbereiter des Herrn (= Johannes den Täufer). Dass dir vor dem Richter nicht ein Fürsprecher fehle, (hast du hier) die Stimme des Rufers (Johannes): (habe) Erbarmen."

Im Westen schließt das Müllegger Tor die alte Spitalsanlage ab. Es bildete das Kernstück einer Wehrmauer aus dem 14. Jahrhundert rings um die Vorstadt Mülln, unterbrochen von Toren im Bärengässchen, im Salzachgässchen, dem Laufener- oder Schergentor (Gaswerkgasse) und dem Wartelsteintor (Augustinergasse). Lediglich das Müllegger Tor entging im 19. Jahrhundert der Spitzhacke.

Wenige Schritte jenseits des Müllegger Tores steht rechts in Bronze gegossen eine „Barmherzige Schwester" noch in der mittelalterlichen Tracht mit der weit ausladenden weißen Haube. Diesen Orden zur Pflege von Kranken und Behinderten gründete der heilige Vinzenz von Paul (1581–1660), wegen seines sozialen Engagements „Heiliger der Nächstenliebe" genannt. Ohne ihren selbstlosen Einsatz für Gotteslohn wären die Spitäler unseres Landes und das Behindertenheim Schernberg bis herauf in die Zwischenkriegszeit nicht zu führen gewesen, zumal es an ausgebildeten Krankenschwestern fehlte. Landeshauptmann Wilfried Haslauer widmete 1983 den Barmherzigen Schwestern dieses Denkmal „in bleibender Dankbarkeit".

Barmherzige Schwester
im Landeskrankenhaus.

Standorte geruchsintensiver Handwerke

An der Bushaltestelle „Äußerer Stein" wäre man von römischer Zeit bis zur Regulierung der Salzach Mitte des 19. Jahrhunderts am Ufer der Salzach gestanden – neben dem 1477 errichteten Äußeren Steintor, dessen letzte Spur der ausgeschnittene Felsen ist, in den 1890 der Engelwirtsbrunnen von seinem ursprünglichen Standort bei „Das Kino" verpflanzt wurde. Durch dieses Nadelöhr zwischen Fluss und Kapuzinerberg zwängte sich Iuvavums und Salzburgs Hauptstraße in den Süden. Vor dem Steintor lag die „Pryglau", deren Name im „Bürglstein" steckt.

An der Steingasse siedelten sich im Mittelalter fernab der Altstadt jenseits der Salzach vorwiegend Hafner und geruchsintensive Handwerke wie Gerber, Lederer, die nebenher aus Knochen Leim herstellten, Leinenweber und „Parchenter" an. Deren Gewerbe stammt vom persischen Wort „baranka" für Schafwolle. Der warme „Barchent" aus Leinen und Wolle verdrängte ab dem 14. Jahrhundert zunehmend das teure Leinen und machte erst im 19. Jahrhundert der leichteren Baumwolle Platz. Weber aller Gattungen fanden im nahen Parsch günstige Flächen für die Bleiche der Gewebe in der Sonne. Die Qualitätsarbeit der „Parchenter" ist daran zu ermessen, dass sie um 1500 binnen vier Jahren rund 18 000 Meter Barchent über den Linzer Markt vertrieben.

Gleich am Anstieg der Steingasse fällt ein Haus mit Grabendach (Nr. 69) aus dem 12. Jahrhundert auf. Hier werkten Hafner, die mit Qualitätsware sogar den deutschen Markt bedienten. Vier Häuser weiter bergan ziert die Madonna von Maria Plain die

Radabweiser zum Schutz der Fassaden in der Steingasse.

Die Madonna von Plain (hier in der Steingasse) ist die in Salzburg weitaus beliebteste Darstellung Marias.

Fassade. Dass sich diese Gasse eng an den Kapuzinerberg schmiegt, erklärt die Folge sanfter Kurven leicht bergab bis zur Abzweigung des Weges hinunter zum „Corso". Im folgenden Abschnitt fällt die Häufung von Randsteinen auf. Die Hausbesitzer setzen diese „Radabweiser", damit die Fassaden nicht im Gegenverkehr von Fuhrwerken in der engen Gasse beschädigt werden. Über dem Portal des Hauses Nr. 46 erklärt eine Inschrift in sehr altertümlichem Deutsch, dass Stadtrat Wolf Paurnfeindt dieses Gebäude für Arme errichtet habe. Nachsatz darunter: „Renoviert 1785". Zwei Häuser weiter steht im Sturz eines Marmorportals die Jahreszahl 1568 und darüber im Halbkreis um das Wappen „Bewachts auf ewig" – nämlich der Adler im Wappen.

Nun kriecht die Steingasse den „Hafnerbühel" fünf Höhenmeter hinauf bis zum Haus Nr. 30 mit dem vor allem in Tirol weit verbreiteten Bild „Maria Hilf" von Lucas Cranach an der Fassade. Hier leisteten Hafner Spitzenqualität, wie den berühmten Kachelofen von 1501 in der „Goldenen Stube" auf der Festung. Wenige Meter weiter gibt eine Lücke in der Häuserfront den Blick auf Altstadt und Festung frei. Man steht nämlich auf der „virtuellen" Zugbrücke vor dem Inneren Steintor, dessen lateinische Inschrift diese Lücke erklärt: Fürsterzbischof Paris Lodron ließ diesen Wehrbau 1634 (mitten im Dreißigjährigen Krieg) Johannes dem Täufer weihen, nachdem „der Felsen abgeschnitten, ein Wassergraben (zur Salzach) ausgehoben, (dem Tor) eine Wehrmauer

Die Rechtschreibung der Inschrift am Haus Steingasse 46 bedarf der Übersetzung: „Gott dem Allmächtigen zum Lob und dann den Armen-Bruderhaus-Leuten zu Nutz hat der ehrenfeste, vornehme und weise Herr Wolf Paurnfeindt, Bürger und (Mitglied) des inneren Stadtrats hier, dieses Stöckl (Nebengebäude) auf seine eigenen Unkosten hier erbauen lassen im Jahr des Herrn 1611.“

angebaut und (dieser Platz) von düsterer Enge befreit" worden waren. Gut acht Meter unter der Zugbrücke plätscherte also die Salzach.

Gleich jenseits des Steintors stehen in der Hohlkehle des Hauses Nr. 21 zwischen den eleganten Ornamenten und der Jahreszahl 1776 die Monogramme Marias, Jesu und der Hausbesitzer. Schräg gegenüber weicht die Häuserfront etwas zurück. Hinter diesem Eck (Nr. 18) liest man auf dem marmornen Aufsatz über

Das Steintor mit der erklärenden Inschrift, die der Schadstoffausstoß unter anderem der Verkehrsmittel so schnell unleserlich macht, dass die Reinigung nicht mehr nachkommt.

dem Portal im Halbkreis um das Wappen: „Ein Leben und End MDCXVIII (1618) stet in Gottes Hend."

Nun fällt die Steingasse wieder ab bis zu „Das Kino". An diesem Eckhaus blieb 1945 ein amerikanischer Panzer stecken und hinterließ tiefe Schrammen. Als Nachrede blühte der Verdacht, dass ein GI mit dem Panzer beim Maison de Plaisir vorfahren wollte.

Gegenüber der Abzweigung einer schmalen Gasse hinaus zur Salzach markieren zwei Gedenktafeln Josef Mohrs vermeintliches Geburtshaus (Nr. 9 statt Nr. 31 außerhalb des Steintors). Sonderbar: Die dankbare Stadt Salzburg gedachte „ihres Sohnes" mit einer Gedenktafel erst ein halbes Jahrhundert nach dem Volksliedchor der Salzburger Mittelschüler.

Die schmale Gasse hinaus zur Salzach endete einst an der (mehrfach verlegten) Stadtbrücke hinüber zur Klampferergasse.

Auf dem Rückweg über den Giselakai entlang der Salzach zum Äußeren Stein fällt ein Fresko am Haus Nr. 17 kaum auf, also auch nicht der erläuternde Text dazu: „Zieh aus, die Welt steht offen/ mußt stets das Beste hoffen./ Beim Wirt zum Tor am Stein,/ da kehrt der Bursche ein. Ist das Wandern aus,/ am Besten ist's zu Haus." Hingegen stechen die Arkaden an der „Wasserseite" der Steingasse ins Auge. Sie dienten vielleicht der Beobachtung des Schiffsverkehrs auf der Salzach, vor allem aber dem Trocknen des Leders. Die Tore dieser Häuser liegen bis zu 2,5 Meter unter dem Niveau der Imbergstraße und reichten ursprünglich noch tiefer hinunter zu Treppen, Stegen und Anlegeplätzen von Booten an der Salzach. Das Sattler-Panorama von 1829 bildet das genau ab. Hier bot die Salzach vor allem den Lederern und Färbern die erforderlichen Mengen Wasser – und die Möglichkeit, verunreinigte Abwässer, Chemikalien und Abfall aller Art „günstig" zu entsorgen.

Das Salzachufer verlief bis zum Äußeren Stein entlang der Imbergstraße. Als Mitte des 19. Jahrhunderts die Regulierung der Salzach begann, wurde entlang des heutigen Giselakais ein Damm aufgeschüttet und der Gersbach beim Bürglstein hinter diesen Damm abgeleitet, damit die Betriebe in der Steingasse vorläufig ihren bequemen Zugang zum Wasser behielten. Allerdings erfasste die Stadterweiterung nach dem Ende Salzburgs als Festung bald den Zwickel zwischen Salzach und Kapuzinerberg. Das Gelände wurde zum Bauplatz

Marmorrelief der Krippe aus dem 16. Jahrhundert am Haus Imbergstraße 1.

Die Arkaden an der Imbergstraße dienten vor allem zum Trocknen des verarbeiteten Leders.

für ein Villenviertel aufgeschüttet. Die aus Friaul zugewanderte Baumeister- und Architektendynastie Ceconi baute hier im Stil der Gründerzeit Häuser, die nach fast 200 Jahren architektonischer „Stagnation" Salzburgs Stadtbild bereicherten.

Ein Blick vom Giselakai zwischen Mozartsteg und Karolinenbrücke auf das andere Ufer bestätigt diese Entwicklung: Stadtmauer aus der Zeit des Dreißigjährigen Krieges, Wohnhäuser aus der Gründerzeit, die Universität, 1890 als Staatsgewerbeschule errichtet, Villen aus der Gründerzeit, die „Bausünde" Justizgebäude (1909) und die 1931 hochmoderne Polizeikaserne (heute Bezirksgericht), die allerdings 1951 durch Aufstockung ihren architektonischen Charakter eingebüßt hat.

An der Jahnturnhalle verursachen zwei vermeintliche Hakenkreuze in der Gedenktafel für gefallene Turner gelegentlich Aufregung. Dieses „Nazizeichen" löst sich aber bei genauer Betrachtung in vier gebogene „F" auf, die seit 1888 für den Wahlspruch der Turner stehen: „Frisch, fromm, fröhlich, frei" – im 16. Jahrhundert als studentischer Reimspruch entstanden. Die Gedenktafel stammt aus dem Jahr 1921, als Hitler in München noch Agitator der winzigen Nazipartei war. Er hatte 1920 die Hakenkreuzfahne entworfen. Eine Nazitagung in Salzburg im August 1920 erklärte das Hakenkreuz, das rassistisch-nationalistische Gruppen schon seit Ende des 19. Jahrhunderts als Logo benützten, zum offiziellen Symbol der Nazipartei. Das Turner-Logo mit den vier „F" ist also kein verkapptes Hakenkreuz.

Das Platzl, Salzburgs internationaler Verkehrsknoten

Seit römischer Zeit nahm das Platzl das Autobahndreieck in Wals vorweg: die Steingasse als „Tauernautobahn", die Linzer Gasse als „Westautobahn" und die Linie über die Staatsbrücke und den Müllner Hügel als Autobahn nach Deutschland. Auf dem Platzl kreuzten einander auch die beiden – normalspurigen! – Stadtbahnen: Die „Rote Elektrische" fuhr vom Hauptbahnhof durch die Schwarzstraße, keuchte die 2,5 Meter hohe Aufschüttung zum Brückenkopf der Staatsbrücke (422,5 Meter) hinauf und setzte durch die Imbergstraße nach Parsch bzw. durch Nonntal bis St. Leonhard fort. Die „Gelbe Elektrische" rumpelte vom Hauptbahnhof über den Mirabellplatz, durch den Sauterbogen und über die Staatsbrücke zum Kranzlmarkt. Dort musste der

Standort der alten Andräkirche am
Eck Linzer Gasse/Dreifaltigkeitsgasse.

Schaffner vorausgehen, um Fußgänger zu warnen sowie den Querverkehr aus der Sigmund-Haffner-Gasse und der Klampferergasse aufzuhalten. Weiter rollte die „Gelbe" über den Alten Markt, den Universitätsplatz und durch das Neutor in die Riedenburg. 1940 wich sie dem Obus, die „Rote" hielt bis 1953 durch – heute nur mehr für Romantiker vorstellbar.

Das Platzl wirkt geräumig, weil 1908 das „Zeller Eck" (heute Platzl Nr. 1 und 2) der „Gelben Elektrischen" weichen musste. An der Gabelung Linzer Gasse/Dreifaltigkeitsgasse ließ dieses „Eck" nämlich nur gut drei Meter Straßenbreite frei. Gegenüber (heute Linzer Gasse Nr. 1) stand von 1415 bis 1861 die Andräkirche (Gedenktafel), die vom Stadtbrand 1818 arg mitgenommen, 1861 abgerissen und 1898 als Neubau am Mirabellplatz wieder eingeweiht wurde. Statt der Kirche steht dort ein Geschäfts- und Wohnhaus, an dessen Fassade ein 1927 von Karl Reisenbichler geschaffenes, 29 Meter langes Sgraffito anhand von Spielkarten die Wechselfälle des Lebens erzählt:

„Das Leben gleicht dem Kartenspiele: Bewegt und unberechenbar/ geleitet uns des Schicksals Wille/ durchs Leben oft ganz wunderbar./ Das Schicksal mischt und teilt die Karten/ und jedermann erhält sein Spiel./ Auf seines Lebens Wanderfahrten/ kommt jeder doch einmal zum Ziel./ Der Eine spielt sein Spiel verwegen,/ der Andre spielt es mit Bedacht./ Dem Einen eilt das Glück entgegen,/ den Andern stürzt es über Nacht./ Der Eine kann die Zeit erwarten/ und spielt im rechten Augenblick,/ der Andre prahlt mit seinen Karten/ und zwingt doch niemals so das Glück./ Gar Mancher glaubt, was er gewonnen,/ das sei von ewigem Bestand/ und morgen ist in nichts zerronnen,/ was er noch heut als Glück empfand./ So schreiten wir ins Unbekannte,/ der Eine arm, der Andre reich./ Am End der große Abgesandte,/ der macht uns alle wieder gleich."

Das Haus Steingasse Nr. 1 steht noch fast auf dem Platzl und verewigt auf einer Marmortafel ein Stück Privatinitiative von 1744: Hier verläuft ein „Graben von Stain" (Gerinne für Regenwasser), den der Handelsherr Laininger, der Bäcker Feyerl, der Lebzelter Lindtner sowie der Besen- und Bürstenbinder Berger vor ihren Häusern anlegen ließen.

Immaculata in der Linzer Gasse.

Gleich nebenan markieren ein Bild mit Text (Platzl Nr. 3) das Wohnhaus des Paracelsus in seinem letzten Lebensjahr 1541. Dieses Haus schützt ein Bild „Maria Hilf". Dasselbe Motiv ist auch an den Häusern Linzer Gasse Nr. 16 und an Nr. 52, in diesem Fall noch bereichert durch die Volksheiligen Florian und Sebastian. Diese beiden Heiligen finden sich auch auf dem Bild der Plainer Madonna am Haus Nr. 8.

Die Fassaden von Platzl 4 und Linzer Gasse 10 ziert die im späten Mittelalter entstandene Darstellung der „Unbefleckten Empfängnis" Marias (Immaculata): Die als Mutter Jesu ausersehene Frau wurde ohne den Makel der „Erbsünde" empfangen, weshalb sie nicht sündigen kann. Das Motiv ist der Geheimen Offenbarung des Johannes entnommen: Am Himmel erscheint eine Frau mit dem Mond zu Füßen und einem Kranz von zwölf Sternen um das Haupt. Später kam noch die Schlange hinzu, auf die Maria tritt, um die Verführung Evas durch die Schlange wettzumachen. Meist werden auch ein Zepter (Himmelskönigin) und eine Lilie (Keuschheit) dargestellt.

Kurz nach der Abzweigung der Bergstraße erreicht die Linzer Gasse ihren höchsten Punkt – acht Meter über der Staatsbrücke.

Grabstätte von Mozarts Vater, Mutter und Ehefrau sowie von Verwandten der Mutter im Sebastiansfriedhof.

Das entspricht einem Anstieg über fast drei Stockwerke eines Wohnhauses.

Knapp vor der St.-Sebastianskirche steht das 1496 als Spital und Heim für alte Menschen gestiftete Bruderhaus (Nr. 41). Hier biegen wir von der Linzer Gasse in den Bruderhof ab, aus dem man durch ein Tor den Sebastiansfriedhof betritt. Wolf Dietrich ließ ihn von 1595 bis 1600 als Ersatz für den aufgelassenen Domfriedhof nach italienischem Vorbild mit einem umlaufenden Arkadengang anlegen – mit der Gabrielskapelle als Grabstätte im Zentrum. Auf diesem Friedhof fanden unter anderen Paracelsus sowie Mozarts Witwe Constanze und sein Vater Leopold ihre letzte Ruhestätte.

An den Bruderhof schließt das von 1633 bis 1648 errichtete Maria-Loreto-Kloster des strengen Ordens der Kapuzinerinnen an. Ein Altar der Kirche birgt das Ziel vieler Wallfahrer – das um 1620 aus Elfenbein geschnitzte und neun Zentimeter große „Loretokindl". Es trägt einen mit kostbaren Steinen besetzten Mantel und wird gelegentlich Kranken „aufgesetzt".

Vom Loreto-Kloster verläuft knapp hundert Meter entlang der Paris-Lodron-Straße Richtung Mirabellplatz die zwischen 1465 und 1480 angelegte „zweite Stadtmauer", um die längst über die erste Stadtmauer hinausgewachsene Neustadt zu sichern. Weil die Neustadt aber weiter wuchs und diese Mauer nicht mehr der weiterentwickelten Artillerie standgehalten hätte, folgten im Dreißigjährigen Krieg die tief gestaffelten Bastionen vom Kapuzinerberg entlang der Franz-Josef-Straße zum Zwerglgarten.

Von der Paris-Lodron-Straße biegen wir jetzt in die Dreifaltigkeitsgasse mit dem Ziel Makartplatz ein, den Fischer von Erlachs Dreifaltigkeitskirche beherrscht. Die Meisterschaft des Architekten bezeugen zwei Raritäten: die ovale Kuppel in der Längsachse der Kirche (Gegenbeispiel: quergestellte ovale Kuppel der Kajetanerkirche) und die einwärts gewölbte Fassade (Gegenbeispiel: die nach außen gewölbte Fassade der Kollegienkirche). Die lateinischen Inschriften über den beiden Portalen des Gebäudekomplexes erklären den Zweck: links der Kirche das Kolleg für Studenten der Theologie und rechts das Kolleg für Knaben („Virgilianum") vornehmlich aus dem verarmten niederen Adel.

Von 1747 bis 1907 stand das „milde Pfandleihhaus" etwa 20 Meter vor dem Priesterhaus und verstellte den Blick auf dieses repräsentative Gebäude. Fürsterzbischof Jakob Ernst von

So sah das 1894 abgerissene Tor mit den drei Namen aus: Linzer-, Sebastians- oder wegen der Richtstätte bei den „drei Kreuzen" Galgentor. Das Relief des heiligen Sebastian über dem Torbogen entging der Zerstörung und wurde an der Sebastianskirche angebracht.

Liechtenstein wollte mit dem Bau dieses Leihhauses sicherstellen, dass Menschen in finanziellen Nöten nicht Beute von Wucherern werden.

Nichts erinnert an ein Ereignis von 1908 im Hotel Bristol. Damals stand die Frage an, ob der erste internationale Kongress über Sigmund Freuds Psychoanalyse in Innsbruck oder in Salzburg stattfinden sollte. Freud plädierte für Salzburg als der „ungleich schöneren und behaglicheren Stadt", in der das Hotel Bristol „Logis und Kost von hoher Güte" biete. Also fand der Kongress in Salzburg statt und Freud beschloss, die weltweit erste Zeitschrift für Psychoanalyse herauszugeben.

Ebenso wenig erinnert an eine Kulturleistung des Fürsterzbischofs Hieronymus von Colloredo, der häufig nur am Konflikt mit der Familie Mozart gemessen wird. 1775 ließ er das von Paris Lodron 1625 errichtete „Ballhaus" – für Bälle und Ballspiele! – zum „Hoftheater" umbauen, damit die Salzburger endlich ein richtiges Theater bekämen. Im Lauf der Zeit entstand daraus das Landestheater.

Gegenüber dem Theater fällt kaum jemandem die Gedenktafel für einen der bedeutendsten Physiker auf. Sie vermerkt, dass in diesem Haus 1803 Christian Doppler zur Welt gekommen ist. Mit dem nach ihm benannten „Effekt" entdeckte Doppler ein

Geburtshaus des Physikers Christian Doppler gegenüber dem Landestheater. Salzburg würdigte seinen bedeutenden Sohn erst ab 1994 – also 141 Jahre nach seinem Tod: Büste am Flughafen, Christian-Doppler-Klinik (Denkmal) und Christian-Doppler-Gymnasium (Brunnen).

Im Giebel der 1849 erbauten Franz-Josef-Kaserne an der Paris-Lodron-Straße wogt Patriotismus: beiderseits des Doppeladlers erbeutete Waffen und Fahnen. Dieses Siegesmotiv ziert viele Schlösser in Stadt und Land Salzburg.

revolutionäres physikalisches Elementarverhalten: Bewegt sich der Sender einer Welle zum Empfänger oder von ihm weg, so wird die Frequenz „gequetscht" oder „gestreckt". Das gilt für alle Wellenbewegungen – wie Schall, Wasser, Licht, Rundfunk oder Röntgenstrahlen. Daher beruhen unter anderem wesentliche medizinische Instrumente (Sonographie), Radar, Raumfahrt oder Astrophysik auf dem „Doppler-Effekt".

Mozarts Wohnhaus gleich nebenan verleitet zu einem Vergleich: „Wolferl" gilt als Salzburgs berühmtester Sohn, wiewohl er für die Menschheit nicht annähernd so viel geleistet hat wie Doppler. Physik verkauft sich eben nicht so gut wie Opern. Der weitaus berühmteste „Salzburger" ist aber das Weihnachtslied „Stille Nacht", das weltweit in annähernd 300 Sprachen auch von Millionen gesungen wird, die von Mozart nicht einmal den Namen kennen.

ZUM KAPUZINERBERG·
·ZU DEN STADTAUSSICHTEN·
·U.FRANZISKI·SCHLOSSL·

Kriegerisches und Kultur am Kapuzinerberg

Der Stefan-Zweig-Weg auf den Kapuzinerberg beginnt in der Linzer Gasse beim Franziskusbogen mit einem Tunnel, in dem noch ein Stück der ersten Stadtmauer aus dem 13. Jahrhundert erhalten blieb. Sie verlief entlang des engen Königs- und des Lederergässchens, wo sie vor dem Garten von Mozarts Wohnhaus nochmals zu sehen ist, zum Lederertor, das einst am Ufer der Salzach stand.

Über dem Franziskusbogen stellt ein marmornes Relief den heiligen Franziskus dar, wie er gerade die Wundmale des Gekreuzigten an den Händen empfängt. Darunter steht, dass der Heilige jene Frommen beschützen möge, die zu seinem Kloster ansteigen. Der steile Weg war einst mit hölzernen „Prügeln" belegt. Sie wurden bei Regen derart rutschig, dass Autos besser Ketten aufzogen, statt sich auf den Schutz des heiligen Franziskus zu verlassen. Auf der Stiege neben der Fahrbahn ist der Anstieg aber gefahrlos.

Gleich in der ersten Kurve steht eine Kapelle, die erste des von 15 auf 8 Stationen verkürzten Kreuzwegs. Die Darstellungen aus dem 18. Jahrhundert schildern das Leiden Jesu eher drastisch.

In der ersten Kapelle verabschiedet sich Jesus von seiner Mutter Maria. In der nächsten bittet Jesus auf dem Ölberg, dass der Kelch des Leidens an ihm vorübergehe. Dann wird Jesus dem Hohenpriester Kaiphas vorgeführt, damit er ihn wegen Gotteslästerung zum Tod verurteile. Es folgen die Geißelung und die

Die Tafel am Aufgang zum Kapuzinerberg verweist auf die „Stadtaussichten". Dort verstellt allerdings Wald jede Aussicht.

Denkmal für Stefan Zweig an der Mauer des Kapuzinerklosters und gegenüber seinem Wohnhaus, dem Paschinger-Schlössl.

Dornenkrönung im Kreis höhnender Folterknechte. Ein Stückchen weiter schleppt Jesus das schwere Kreuz. Die nächste Station stellt Frauen vor, die Jesu Leiden beweinen. Den Höhepunkt bildet die Kreuzigungsgruppe vor dem Kapuzinerkloster.

Die erste Kapelle verdeckt einen deplatziert anmutenden Betonklotz. Etwa eine Stütze des brüchigen Felsens? Glücklich, wer das so deutet, denn er erlebte nicht die 15 Bombenangriffe von 1944 und 1945 mit 547 Toten, 146 völlig zerstörten Gebäuden und 14 500 Obdachlosen. Die Zahl der Opfer wäre gestiegen, hätten nicht rund 38 000 von 77 000 Einwohnern in den ab 1943 in die Stadtberge gebohrten 23 Luftschutzstollen Schutz gefunden. Die Zugänge zu diesen Kavernen waren durch gasdichte Stahltore und mit Betonblocks gegen die Wirkung von Explosionen gesichert.

Wenige Schritte weiter durchschreitet man die Felixpforte, die Fürsterzbischof Paris Lodron 1632 in die Wehrbauten zwischen Linzer- und Steingasse setzte. Sie ist laut Inschrift dem „überaus glückseligen, armen und seligen Kapuziner Felix" geweiht, damit er diese Befestigungsanlage unüberwindlich mache.

Paris Lodron modernisierte diese seit circa 1280 bestehende Wehranlage zum Schutz des Brückenkopfs an der Salzach. Kernstück war das „Trompeterschlössl", das Wolf Dietrich 1599 zum Kapuzinerkloster umgestalten ließ. Das Portal stammt aus dem

Diese Mozartbüste nahe dem Kapuziner-kloster erinnert an das erste große Musikfest 1877 in Salzburg, dem Vorläufer der Festspiele.

romanischen Dom und zeigt die Apostel und die Jahreszahl 1450. Vom alten Dom blieben nur noch die Kanzel in der Kirche von Guggenthal, ein Altar in der Franziskanerkirche und ein Löwe in der Einfahrt des Langenhofs (Sigmund-Haffner-Gasse 16) erhalten. Die Ausgestaltung der Kirche entspricht dem Armutsgelübte der Kapuziner: kein Stuck, keine barocke Pracht sowie statt Plastiken – etwa die Kreuzigungsgruppe über dem Hochaltar – vorwiegend aus Holztafeln geschnittene und bemalte Figuren.

Neben dem Kapuzinerkloster steht die Bronzebüste Stefan Zweigs, der gegenüber von 1917 bis 1934 im Paschinger-Schlössl gelebt und gewirkt hat. Zweig schätzte Salzburg als „antiquarisches, schläfriges, romantisches Städtchen" und hinterließ uns eine tiefsinnige Beschreibung der Festung: „Ein steinernes Schiff über dem grünen Gewoge der Landschaft. Festgenagelt seit den Tagen der Römer, fährt dieses Schiff aus hellen Quadern durch die Zeit und steht doch ewig an gleicher Stelle."

Der Zugang zum Kapuzinerberg führt durch ein Wachtor, an dessen geducktem Anbau man einst Maut bezahlen musste. Hier amtierte der 1882 zum k. k. Oberaufseher über den Kapuzinerberg und Wächter einer Gedenkstätte für Mozart ernannte Schuhmacher Michael Bewaschnig – auch wegen des Wassermangels auf dem Kapuzinerberg in bescheidenen Verhältnissen. Seine Frau musste die Wäsche in der Salzach waschen und sie dann die 60 Höhenmeter (ungefähr 20 Stockwerke eines Wohnhauses) den Berg hinaufschleppen. Bewaschnig bewachte das „Zauberflötenhäuschen", das der Wiener Fürst Starhemberg 1873 der Stiftung Mozarteum zur Erinnerung daran geschenkt hatte, dass Mozart darin 1791 (angeblich) die „Zauberflöte" komponiert hatte. Es kam 1877 als Höhepunkt des „1. Salzburger Musikfestes" (erster Vorläufer der Festspiele) an die neue Gedenkstätte auf dem Kapuzinerberg. Für diesen Anlass stiftete die Familie Schwarz die Büste Mozarts mit Hanselt Barths berühmter Inschrift „jung groß, spät erkannt, nie erreicht". Heute steht an dieser Gedenkstätte nur mehr Mozarts Büste, denn Kriegsschäden hatten dem „Zauberflötenhäuschen" derart zugesetzt, dass es 1948 abgetragen, gründlich restauriert und 1950 im Bastionsgarten des Mozarteums aufgestellt wurde.

Als Rückweg in die Stadt empfiehlt sich die Imbergstiege vor allem wegen der Aussicht von der Hettwerbastei direkt unterhalb des Kapuzinerklosters: Altstadt, darüber die Festung und dahinter die Kalkalpen. Die Bastei trägt den Namen des Obersten Emil Hettwer (1847–1934), der als Militärgeograf unter anderem die ersten kartografisch korrekten Pläne der Stadt und der Festung gezeichnet hat.

Im kurzen Durchhaus auf halber Höhe der Imbergstiege erinnert eine kleine Marmortafel an ein Unglück von 1756. Die immer wieder nur notdürftig reparierte Holzstiege brach an einem Sonntag unter dem großen Andrang von Wallfahrern zusammen. Dabei wurden sechs Menschen erdrückt.

Entlang des schmalen Königsgässchens verlief die im 13. Jahrhundert errichtete erste Stadtmauer.

Götter, Zwerge und Kriegsgefangene

Der Mirabellgarten ist ein barocker Park. Dieses Wort stammt vom lateinischen „parricus", der einen eingezäunten Raum für Haustiere bezeichnet, damit sie nicht durch die Felder streunen. Die höfische Kultur drehte diesen Zweck um und umgab gepflegte Gärten mit hohen Mauern, damit die Untertanen nicht die Lustbarkeiten der „Obertanen" beobachten oder gar stören können. Also aussperren statt einsperren.

Den Eingang zum Mirabellgarten beherrschen zwei Kopien der Fechter im römischen Garten Borghese. Dahinter ließ Fürsterzbischof Johann Ernst Thun um 1700 auf Balustraden geradezu ein Who is Who des antiken Götterhimmels aufstellen.

Beginnend auf der Seite des Landestheaters sind da aufgereiht: Kronos (König des Paradieses), Bacchus (Gott des Weins), Jupiter (Göttervater), Mars (Gott des Krieges und der Vegetation), Herkules (Halbgott und größter aller antiken Helden), Vulcanus (Gott des Feuers, der Blitze und der Schmiede), Merkur (Götterbote sowie Patron der Kaufleute und der Diebe) und Apollo (Gott der Heilkunde, des Lichtes und des Todes).

In der nächsten Reihe stehen (beginnend auf der Seite der Musikuniversität): Diana (Göttin der Jagd und der Geburtshilfe), Flora (Göttin des Frühlings, der Jugend sowie Beschützerin der Zauberkünstler und der Prostituierten), Minerva (Göttin des Friedens, des Krieges und der Kunst sowie Erfinderin des Alphabets), Ceres (Göttin der Gesetzgebung, der Zivilisation und der

Dieser buckelige Zwerg ist eine typische Komödienfigur,
die uns ungestraft die Zunge zeigen darf.

Die Pracht des Mirabellgartens verdanken
wir auch der harten Arbeit der Gärtnerinnen.

Landwirtschaft), Pomona (Göttin der Früchte), Venus (Göttin
der Schönheit und des Frühlings), Vesta (Beschützerin des heiligen Feuers, des Staates und des Herdfeuers) und Juno (Mutter-
göttin, die Frauen, Ehe, Familie und Ärzte beschützt).

Die vier Figurengruppen rings um den Springbrunnen stellen
mit Szenen aus der Mythologie die antiken Grundelemente dar
(Wasser, Erde, Luft und Feuer). Im Uhrzeigersinn beginnend
nahe dem Ausgang zum Mirabellplatz: Paris entführt Spartas Königin Helena über das Meer (Wasser) nach Troja und löst damit
den Trojanischen Krieg aus. Äneas rettet seinen blinden Vater
Anchises und seinen Sohn Ascanius aus dem brennenden Troja
(Feuer), Herkules hebt den mörderischen Riesen Antäus in die
Luft, womit er den Kontakt zum Boden und damit seine Kraft
verliert, und erwürgt ihn. Pluto verschleppt mit Jupiters Einver-
ständnis die Göttin Proserpina in seine Unterwelt, die sie aber im
Sommer in die Oberwelt verlassen darf (Erde).

Gegen Ende des 17. Jahrhunderts legten sich Fürsten „Raritätenkabinette" zu. Als „Raritäten" nahmen sie auch kleinwüchsige und missgestaltete Menschen in den Dienst – die „Hofzwerge" –, die damit dem Elend sowie penetranter Neugier oder dem Hohn des Volkes entrannen. Fürsterzbischof Franz Anton Harrach legte um 1715 ein „Raritätenkabinett" mit 24 „Zwergen" aus Untersberger Marmor vor dem Mirabellgarten an. Diese Figuren dienten auch als Ratespiel: Welchen Beruf und welchen Monat stellen sie dar? Unter bayerischer Herrschaft (1810–1816) residierte Kronprinz Ludwig im Schloss Mirabell. Er befürchtete, dass seine schwangere Frau beim Anblick dieser „abscheulichen Zwergelen" einen Schock und damit eine Fehlgeburt erleide. Also ließ er diese Figuren um rund 40 Euro (Geldwert 2014) verscherbeln. Mit Mühe wurden später 15 Zwerge wieder gesammelt und aufgestellt.

Zwei von ihnen stehen vor der Brücke in den Zwerglgarten. Sie spielen Pallone, das im 16. Jahrhundert in Italien entstand und auf Stadtplätzen bis zu 5000 Zuschauer anzog. Betuchte Aristokraten sponserten sogar „Profi-Teams". Pallone verlor seine Attraktivität an das Tennis und ist Vorläufer von Faust- und Volleyball. Auf der annähernd dreieckigen Bastei stehen die übrigen 13 (gegen den Urzeigersinn): Obstpflückerin (September), Mann mit Schlapphut und Rettich in der Tasche (Mai), Buckeliger mit Strohtasche auf dem Kopf (Harlekin), Holzknecht mit Axt, Harlekin mit Butte für Weinlese (Oktober), Türke versucht

Zur Trauung im Hochzeitssaal des Schlosses Mirabell gehört auch das Foto im Mirabellgarten.

Behände Katzen turnen an den Blumenvasen im Mirabellgarten.

Ast zu brechen (Selbstüberschätzung, Hinweis auf die 1683 zerschlagene Belagerung Wiens), Gärtner mit Schaufel (März), Mann mit Topf voll Nocken (Ertrag der Ernte, Dezember), Mann mit Huhn im Arm (Glück und Schutz vor Zauber, daher Jänner), Invalide mit Prothese am rechten Bein, Figur mit Gartenvase (April), Buckelige mit Bündel Knoblauch und Wasserkrug (August) und zuletzt eine Komödienfigur (herausgestreckte Zunge, übergroßer Zwicker und löchriger Hut). Sie will uns offenkundig sagen: „Ihr seid doch noch lächerlicher als ich."

An den Mirabellgarten schließt sich der Rosenhügel, der letzte Rest der im Dreißigjährigen Krieg angelegten Stadtbefestigung in der Neustadt. Die Wälle und Wassergräben verliefen von der Salzach hart am Schloss Mirabell vorbei und annähernd parallel zur Franz-Josef-Straße bis zum Kapuzinerberg. 1860 hob Kaiser Franz Joseph I. den Festungsstatus der Stadt auf und schenkte diese Wehranlagen der Stadt, damit diese sich endlich ausdehnen konnte. Mit einem Teil der abgebauten Wälle wurde der Rosenhügel aufgehäufelt, der Großteil wurde aber für die Eindämmung der Salzach und zum Aufschütten des Geländes zwecks Gewinnung von Bauland entlang der Schwarzstraße bis zur Eisenbahnbrücke verwendet. Wie viel Material dafür nötig war, kann man an der Spitze des Zwerglgartens bei der Schwarzstraße abschätzen. Dort ist das Wappen Paris Lodrons so niedrig angebracht, dass man es mit der Hand erreichen kann. Fortifikatorisch ist die Wehrmauer viel zu niedrig. Ihr Fundament liegt aber fünf Meter tiefer, also auf dem Niveau vor dem Aufschütten des neuen Baulandes.

So bekamen Salzburgs evangelische Christen dank der Gleichstellung mit den Katholiken 1861 Land für die Christuskirche (1863–1867). An diesem Bau beteiligten sich freiwillig 370 dänische Soldaten, die im österreichisch-deutschen Krieg gegen Dänemark (1864/65) gefangen genommen und auf der Festung Hohensalzburg eingesperrt worden waren. In der Kirche erinnern zwei Leinwandbilder an den Treueschwur und die Vertreibung von 22 000 Protestanten aus Salzburg (1732).

Hinter dem stadtseitigen Eingang zum Mirabellgarten stehen die bedeutendsten Mitglieder des antiken Götterhimmels, darunter auch Flora, die Göttin der Blüten und des Frühlings. Zu ihren Füßen macht eine Schlange Jagd auf einen Frosch.

Rundflug des Pegasus durch die Stadt

An der breiten Mauer hinter der Pferdeschwemme auf dem Herbert-von-Karajan-Platz sticht unter den Fresken prächtiger Pferde jenes in der Mitte hervor: ein fliegendes Pferd und ein hilflos abstürzender Mann. Das ist die traurige Geschichte des Bellerophon, der versehentlich einen Mord begangen hatte und diese Untat durch die Tötung des Ungeheuers Chimäre sühnen sollte. Dafür benötigte er aber das geflügelte Pferd Pegasus. Nach der Mythologie entsprang Pegasus dem Rumpf der Meduse mit dem Schlangenhaar, als ihr Zeus' Sohn Perseus das Haupt abschlug. Wen nämlich die Meduse ansah, der erstarrte auf der Stelle.

Auf dem Pegasus flog nun Bellerophon über die Chimäre hinweg und streckte sie mit Pfeilschüssen nieder. Von Übermut beflügelt, lenkte er den Pegasus zum Olymp. Doch Zeus schickte eine Mücke, die das Flügelross stach, worauf das irritierte Tier den Bellerophon abwarf. Er stürzte auf die Erde und blieb lebenslang gelähmt. Pegasus aber flog weiter in den Olymp. Auf dem Weg dorthin öffnete er noch mit einem Hufschlag eine Quelle auf dem Musenberg Helikon. Deshalb steht der Pegasus immer in einem Wasserbecken.

Fürsterzbischof Guidobald Thun erwarb 1661 den in Kupfer getriebenen Pegasus für die Pferdeschwemme vor den Stallungen auf dem Kapitelplatz. Doch alsbald setzte dieses Flügelross zu einem erstaunlichen Rundflug durch die Stadt an: erst zur neuen

Die Götter verhinderten den frevlerischen Versuch eines Sterblichen, auf dem geflügelten Pferd Pegasus zum heiligen Götterberg Olymp zu fliegen.

Perseus konnte die Meduse töten, weil er sie nicht direkt, sondern nur durch einen Spiegelschild ansah und zudem von einer Tarnkappe geschützt war.

Pferdeschwemme zwischen den längst abgebrochenen Stallungen der fürsterzbischöflichen Garde und dem Schloss Mirabell. Dort überstand der Pegasus 1818 den Stadtbrand und verschwand in einem Depot, aus dem man ihn 1842 wieder holte und auf einen künstlichen Felshügel auf dem Makartplatz setzte. Aber 1859 musste Pegasus einem Gaskandelaber weichen und landete abermals im Depot. 1913 erlösten ihn kunstsinnige Salzburger und gaben ihm den artgerechten Standort im Brunnen vor der Westfassade des Schlosses Mirabell.

Lateinische Stenografie

Die lateinische Inschrift auf dem Sockel des Pferdebändigers in der Pferdeschwemme verdient Aufmerksamkeit, denn sie preist den Bauherrn und nennt vor allem seine teils abgekürzten Titel (übersetzt): „Alte Pracht in wunderbarer Neuheit wieder hergestellt vom erhabensten und hochwürdigsten Herrn, Herrn Leopold Anton Eleutherius, Erzbischof und Fürst des Heiligen Römischen Reiches in Salzburg, geborener (= von Amtes wegen) Legat des Heiligen Apostolischen Stuhles (= Vatikan), Primas

Germaniens, aus dem uralten Geschlecht der Freiherrn von Firmian etc. etc." Die Großbuchstaben in der ersten Zeile sind römische Ziffern und ergeben zusammengezählt das Baujahr 1732: M=1000, D=500, C=100, L=50, V=U=5 und I=1.

Auf dem Domplatz verewigten sich vier Fürsterzbischöfe an der Residenz, gegenüber am Kloster St. Peter und an der Mariensäule als Bauherren mit Wappen, Namen und Titeln, die allerdings platzsparend zu „lateinischer Stenografie" verkürzt und nach einheitlichem Schema verfasst sind.

Dem Taufnamen folgen ARCHIEP(iscopu)S, PRINC(eps), SALISB(urgensis), S(anctae), SED(is), AP(ostolicae), LEG(atus), N(atus), EX S(acri), R(omani), I(mperrii) C(omitibus) D(e) und zum Schluss der Familienname. Musste mehr Platz gespart werden, dann reichten auch die Anfangsbuchstaben und notfalls auch nur eine Auswahl. Auf Deutsch: Erzbischof und Fürst von

Die Inschrift auf dem Sockel des Pferdebändigers in der Pferdeschwemme entspricht der Mode vor 300 Jahren: Lob und viele Titel.

Salzburg, des heiligen apostolischen Stuhls (= Vatikan) geborener (= von Amts wegen) Legat, aus dem Grafengeschlecht des heiligen römischen Reiches von … Gelegentlich ist wie an der Pferdeschwemme noch PRIMAS GERMANIAE zu lesen. Dieser Titel fiel Salzburg 1680 zu und sicherte dem Fürsterzbischof ehrenhalber den Vorrang vor den übrigen Reichsfürsten. Als Legat und Primas trägt der Erzbischof von Salzburg bis heute den Kardinalspurpur.

Fast immer steht am Ende der Titel noch „F" oder (wie an der Mariensäule) „F F" und eine Jahreszahl: „Fecit" (= hat das gemacht) oder „Fieri Fecit" (= hat gemacht, dass das gemacht wird). Beschränken sich die Inschriften auf Titelei, dann ist der Informationswert aber ziemlich dürftig.

Ein kleiner Rundgang zu vier bemerkenswerten lateinischen Inschriften beginnt am Domplatz und führt durch die Franziskanergasse. Über dem alten Portal des Klosters steht unter zwei

Erst die Wappen enträtseln die Inschrift über dem Tor des Franziskanerklosters.

Diese vergleichsweise sehr bescheidene Inschrift am Eck des Zwerglgartens zur Schwarzstraße stellt lediglich fest, dass Erzbischof Graf Lodron 1628 diese Bastei bauen ließ.

Wappen ein rätselhafter Text: „Hic opus incoepit. Caepto dedid iste coronam." – „Dieser begann das Bauwerk, jener setzte dem Begonnenen die Krone auf." Wer sind diese Geheimnisvollen? Die Wappen verraten es: „Dieser" heißt Max Gandolf von Kuenburg (links), der den Umbau des Klosters 1686 begann, rechts ist „jener", Johann Ernst von Thun, der nach Max Gandolfs Tod 1687 den Bau 1689 vollendete.

Eine harte Nuss ist in der Hofstallgasse zu knacken, nämlich die riesige lateinische Inschrift in großen Lettern auf einem 52 Meter langen Band fast außer Sichtweite unter dem Gesims der Attika an der Fassade des Festspielhauses, verfasst als Hexameter von Pater Thomas Michels: „Sacra camenae domus concitis carmine patet quo nos attonitos numen ad auras ferat" – „Das heilige Haus der Muse steht den von Gesang Begeisterten offen, damit uns Verzückte die Gottheit himmelwärts entrücke." Nehmen das die Festspielgäste wahr? Und welchem Festspielgast nützt der schönste Hexameter, wenn am Festspielhaus eine dezente Übersetzung fehlt?

Im Toscaninihof sitzt auf dem gewachsenen Felsen eine aus Quadern gefügte Bastion mit dem Wappen Paris Lodrons. Darunter steht ein beispielhaft knapper Text mit einem „F": „Erzbischof Paris aus dem Grafengeschlecht Lodron hat das 1652 gemacht."

Stumme Zeugen verheerenden Hochwassers

Das Jahrhundert-Hochwasser von 2002 blieb uns in Erinnerung, weil die Salzach über den Hanuschplatz geschwappt war sowie Teile der Aigner Au und der Josefiau überschwemmt hatte. Im Jahr 2013 schwoll die Salzach sogar noch um 21 Zentimeter höher an, trat aber dank Schutzbauten nicht mehr über die Ufer. Seit römischer Zeit stand Salzburg häufig unter Wasser, aber nur wenige Hochwassermarken vermitteln uns einen Begriff von den verheerenden Folgen.

Am Stöckel neben dem Petersbrunnhof zeigen zwei Hochwassermarken für 1897 80 und für 1899 156 Zentimeter über Boden an. Übersetzt auf die Höhe über dem Meer, sind das 422 und 422,76 Meter. Dramatischer sind die Hochwassermarken am Haus Nonntaler Hauptstraße 18, dem mit 420 Metern tiefsten Punkt im Nonntal. Hier stand das Wasser 1899 auf 257 Zentimeter über Boden, also Seehöhe 422,57 Meter. Deshalb mussten die Bewohner der benachbarten Gebäude aus den Fenstern der ersten Stockwerke in Boote „umsteigen". Eine Marke für 1897 fehlt, doch jene von 1786 zeigt 251 Zentimeter über Boden (Seehöhe 422,51 Meter) an.

Offensichtlich kannte der Graubündner Architekt Giovanni Gaspare Zugalli die Hochwassergefahr, weshalb er das Portal der 1689 eingeweihten St.-Erhard-Kirche so hoch ansetzte, dass man es nur über Stiegen unter einem Portikus erreicht. Das Hochwasser von 1899 kam bis auf fünf Zentimeter an das Kirchenportal heran. Nicht auszudenken, was diese Überschwemmung in dem

Vor der Erhardkirche stand 1899 das Wasser 257 Zentimeter über Boden.

1903 aufgelassenen Friedhof vor der Kirche – heute Erhardplatz – angerichtet hat. Von diesem Friedhof blieb nur mehr das alte Friedhofskreuz.

Ein Rundblick auf dem Erhardplatz erschließt ein Stück Geschichte: links neben der Kirche der ehemalige „Weibertrakt" des Erhardspitals für erkrankte oder gebrechliche Bedienstete erst des Stifts Nonnberg und dann des Domkapitels – ein Bau aus

dem 14. Jahrhundert mit kleinen Fenstern und dem gotischen „Eselsrücken"-Portal; rechts der 1678 modernisierte „Männertrakt", an dem die vergleichsweise großen Fenster auffallen. Ein Fortschritt in Hygiene also. Über dem Portal steht in der Rechtschreibung des Jahres 1678: „Dises Haus ist von ainem hochwürdigem Thumbcapitl anno 1677 zu dessen Spitall alda erkauft und in folgendem 1678 Jahr in gegenwerttige Formb erhebt worden."

Auf dem Weiterweg steigt man durch die Schanzlgasse kaum merklich um vier Höhenmeter auf den hochwassersicheren Kajetanerplatz (424,5 Meter) an und dann wieder auf 420 Meter beim Haus Pfeifergasse 18 und dem

Hochwassermarken am Petersbrunnhof: 80 (1887) und 156 Zentimeter (1899) über Boden.

Wilfried-Haslauer-Platz ab – dem tiefsten Punkt des Kaiviertels. Hier stand 1661 das Hochwasser auf 215 Zentimeter über Boden (422,15 Meter). Diese Marke wurde 1944 bei einem Bombenangriff zerstört, lässt sich aber genau rekonstruieren.

Vom Wilfried-Haslauer-Platz geht es 4,5 Meter „bergan" auf den Mozartplatz (424,5 Meter). Beim Aufgraben der Fundamente für das Mozartdenkmal stieß man 1841 auf drei römische Mosaikböden und zuletzt in 3,45 Meter Tiefe noch auf einen gemauerten Boden, also auf Seehöhe 421 Meter.

Bauschutt von abgerissenen Gebäuden und Schwemmsand der Salzach hoben daher in den vier römischen Jahrhunderten den Mozartplatz auf den obersten der drei Mosaikböden auf 423,7 Meter Seehöhe. Dabei ist zu berücksichtigen, dass sich die Salzach seit Beginn der Regulie-

Diese Marmortafel an der Kaiseite des Hauses der Natur beschreibt die Katastrophen, die 1572 ein Hochwasser und die Pest angerichtet haben.

rung um 1852 im Bereich der Stadt um drei Meter eingegraben hat. Daraus folgt, dass die Hochwässer vorher schon mit weniger Wasserfracht Teile der Altstadt überfluteten.

Auf dem Weiterweg geht es durch die Judengasse 4,5 Meter „bergab" zum Kranzlmarkt und hinaus zur Griesgasse bis zum

Haus Nr. 15, wo ein Durchhaus zur Getreidegasse abbiegt. Im Innenhof sind zwei Hochwassermarken: 1899 75 Zentimeter über Boden (Höhe 421,8 Meter) und damit nahezu gleich hoch wie jene auf dem Wilfried-Haslauer-Platz; 1786 133 Zentimeter über Boden und auf Höhe 422,3 Meter, mithin ungefähr gleich wie die Marke in der Nonntaler Hauptstraße 18 mit 422,31 Meter.

Das letzte Stück des Weges am Franz-Josef-Kai zeigt, dass eine Bausünde aus der Gründerzeit nicht durch einen modernen Zweckbau getilgt wird. Der 1873 eröffnete Schulkomplex wich 1968 einem Kaufhaus- und Bürokomplex. Dessen 85 Meter lange Front zur Salzach hin ist im Gegensatz zu den sieben anschließenden Häusern auf gleich langer Strecke bis zum Haus der Natur eine ungegliederte architektonische Ödnis.

Jenseits der Unterführung des Hauses der Natur berichtet der Text auf einer Marmortafel von einer Katastrophe im Jahr 1572: Im Juni regnete es ununterbrochen 70 Stunden lang, das Hochwasser riss die Stadtbrücke samt ihren Verkaufsbuden sowie 13 Häuser und Stadel am Salzachufer weg und „ging über diesen Stein hinaus". Das ergibt mindestens 185 Zentimeter über Boden und die Seehöhe von 421,9 Metern. Nicht genug der Katastrophe, denn der Text beschreibt auch das „große Sterben" (Pest) zwischen Mai 1571 und Jänner 1572, das „ganze 2 226 Personen wegnahm". Dem folgte eine Teuerung, die den Preis von Korn auf das Doppelte und von Weizen auf das Dreifache trieb, was „für die Armen gewesen schwer".

Über das Hochwasser von 1899 berichtete das „Salzburger Tagblatt" aus St. Johann: „Es regnet mit einer Heftigkeit fort, als ob es im Himmel nichts als lauter Wasser gäbe ... Der Niederschlag in drei Tagen betrug 122 Millimeter (= 122 Liter je Quadratmeter!) und die Salzach stieg rapide." Dazu trugen die angeschwollenen Bäche aus den Seitentälern erheblich bei. Die Menschen blicken „ängstlich auf die Salzach und denken: Wie

mag es ihnen draußen gehen?" Nämlich in Hallein, Salzburg und Oberndorf.

Neben der Hochwassermarke ist das mannshohe Relief eines Tanzbären, auf dessen Halsband die Jahreszahl 1562 steht. Die Dressur von Tanzbären hat auf dem Balkan eine lange Tradition: Man stellte Bären auf erhitzte Metallplatten, wo sie abwechselnd die Hinterbeine hoben, um Schmerz zu vermeiden, und rhythmisierte dieses Bewegungsmuster durch begleitende orientalische Musik. Dann boten bettelarme „Bärentreiber" diese Attraktion europaweit auf Jahrmärkten oder in Zirkussen dem Publikum. Heute sind diese Vorführungen als Tierquälerei verboten.

Wie „Balkonien" nach Salzburg kam

Ein Spaziergang durch die Neutorstraße und die Maxglaner Hauptstraße bis zur Eichetstraße jenseits der Glanbrücke klingt wegen des starken Verkehrs nicht sehr verlockend. Doch er lohnt, wenn man ab der Untersbergstraße die oberen Stockwerke der Häuser im Auge behält – der Balkone wegen.

Der in Italien ausgebildete Erzbischof Wolf Dietrich brachte als Neuheit der Renaissance den Balkon nach Salzburg. Den ersten ließ er um 1600 über dem Südportal der Residenz (Domplatz) anbringen. Der Italiener Santino Solari baute zwei Jahrzehnte später für Musiker und Kleriker 14 Balkone in den Dom und 1631 einen über dem Portal des Primogeniturpalastes in der Dreifaltigkeitsgasse. Doch diese Mode verebbte sehr schnell, nachdem Johann Lukas von Hildebrandt beim Umbau des Schlosses Mirabell (1721–1727) die beiden Hauptfassaden mit je einem Balkon ausgestattet hatte, auf dem sich der Fürst den Untertanen zeigen konnte.

Das war's, bis Salzburg nach dem Bau der Westbahn 1860, der „Neulandgewinnung" durch die Regulierung der Salzach, die Schleifung der Befestigungen in der Neustadt, den Aufwind der „Gründerzeit" und den anlaufenden Tourismus langsam zu neuem Leben erwachte. Vor allem in der Riedenburg, in Maxglan und in der Neustadt war ab 1890 ein regelrechter „Bauboom" zu bemerken: Vermögende bauten sich nach Wiener Vorbild elegante Häuser, „kleine Häuslbauer" richteten sich in bescheidenen „Baumeisterhäusern" ein, am Giselakai entstanden die Kaivillen

Architektur-Import aus Italien: die Balkone im Dom.

Dem italienischen Muster nachempfunden:
Balkon aus der Gründerzeit in der Riedenburg.

und in der Neustadt Kopien der Wiener Ringstraßenarchitektur. Dutzende der neuen Gebäude bekamen nun Balkone: noble Balustraden nach dem Vorbild der Balkone im Dom oder aus bereits industriell erzeugten schmiedeeisernen Elementen vielfältig zusammengesetzte Brüstungen. Genau diese Entwicklung in den Jahren zwischen 1880 und 1910 sieht man an den Balkonen in der Neutorstraße und der Maxglaner Hauptstraße.

Versetzen wir uns in die „Idylle" vor 120 Jahren – kein Auto, kein Massenverkehr, kein Lärm, keine verpestete Luft –, dann leuchtet ein, dass seinerzeit der Balkon selbst an Hauptstraßen das war, was man heute „Urlaub in Balkonien" statt an der Adria nennt. Damals verlängerten nur die 52 Sonntage und an die zwei Dutzend kirchliche Feiertage den auf eine Woche beschränkten Urlaub. Samstage waren noch nicht arbeitsfrei und die wöchentliche Arbeitszeit betrug 60 Stunden.

Erheblich älter als städtische Balkone sind die schmalen Gangln, Labm oder Söller an Bauernhäusern. Sie dienten zum Trocknen und als Ablage, nicht aber als „Balkonien". Der entspannende „Hoagascht" am Feierabend fand nämlich nicht auf „Balkonien", sondern auf der Hausbank neben der Haustür statt.

Am Ende dieser Wanderung lohnt noch ein Abstecher zur Maxglaner Kirche. In ihre Südfront ist nämlich ein römisches Relief eingemauert – der „Radlstein", der zwei Wagenräder mit erstaunlich kunstvoll gedrechselten Speichen zeigt. Ein Rätsel gibt allerdings der Vorderhuf eines Pferdes auf, der unter das linke Rad zu geraten droht. Soll das Pferd den Wagen bremsen oder schieben?

Als Rückweg zum Neutor bietet sich der Bereich zwischen Römergasse und Bayernstraße an, wo man wieder zahlreiche Balkone entdecken kann.

Einer von vielen eisernen Balkonen in Salzburgs jungen Stadtteilen wie Riedenburg, Maxglan oder Andräviertel.

Mater Doloros
ora pro nobis

„Festung Mönchsberg"

Der Mönchsberg ist ein offenes Lehrbuch für die Geschichte der Fortifikation. Seit dem Schutzschild gegen Steinwürfe und Pfeile sind Wehrbauten die verzögerte Antwort auf verbesserte Angriffswaffen.

Das Blättern in diesem Lehrbuch beginnt mit dem Anstieg vom Toscaninihof (oder von der Brunnhausgasse) zum Bürgermeisterloch, das Bürgermeister Mertens 1863 durch den massigen Wall in der Senke zwischen Festungs- und Mönchsberg brechen ließ. Fürsterzbischof Paris Lodron hatte 1635 diese strategische Schwachstelle geschlossen. Bis hierher reichte die sanfte Wiese von der Brunnhausgasse herauf und das hätte jeden Angreifer begünstigt. Die lateinische Inschrift am ebenfalls 1635 erbauten Schartentor erklärt das: Paris Lodron „befestigte diese früher nackte Flanke der Stadt und der Burg mit diesen Bollwerken". Ganz so nackt war diese Flanke nicht, denn zuvor schützten Palisaden und zwei Wehrtürme die Senke: der „Abtsturm" (Mönchsberg Nr. 9) und der „rote Turm" (das im 19. Jahrhundert romantisch umgestaltete „Freyschlössl"), beide aus dem 14. Jahrhundert und verbunden mit einer Meierei. Der Mönchsberg wurde nämlich bis herauf in das 19. Jahrhundert landwirtschaftlich genutzt.

Beim großen Wasserreservoir der Stadt ist die nächste strategische Schwachstelle. Weil sich der Mönchsberg auch hier sanft in Richtung Leopoldskron senkt, erklären sich die Wehrbauten

Mariensäule an der Gabelung Nonntaler Hauptstraße/Fürstenallee: auf einer Seite Maria mit dem Christkind, auf der abgewandten Seite die „Schmerzensmadonna" mit dem Leib Jesu.

von selbst. Zuerst talseitig der „Lodron-Zwinger" als logische Fortsetzung des Walls um das Bürgermeisterloch: eine vierseitige Befestigung an der Ostseite der Richterhöhe mit zwei Toren. Hätten Angreifer das untere Tor überwunden, wären sie von drei Seiten unter Beschuss geraten. Andererseits hätten diese Tore im Fall einer Belagerung überraschende Ausfälle der Belagerten ermöglicht. Ehe Paris Lodron diese strategische Lücke schloss, deckte der „Konstantinturm" (nach umfassender Renovierung heute „Kupelwieser-Schlössl") seit dem 14. Jahrhundert diese Position und den Zugang zur Richterhöhe. Sie trägt den Namen des Geografen, Historikers und Alpinisten Eduard Richter (1847–1905), der eine Frey-Tochter geheiratet hatte und von 1871 bis 1886 im Freyschlössl wohnte. Die Richterhöhe bedurfte hellhöriger Wache, denn die beiden Türme aus dem 14. Jahrhundert dienten lange Zeit als Pulvertürme – weitab der Altstadt, damit eine Explosion keine Katastrophe auslöst. Die glatte Felswand über der ebenen Fläche neben dem Weg zur Richterhöhe verrät den Steinbruch, aus dem die Quader etwa für den Wall beim Bürgermeisterloch stammen.

Ein kurzes Stück des Weges weiter sticht die „Grasmayr-Villa" wegen der Glaskugel auf dem Dach ins Auge. Ihr Ursprung war ein kleines Herrenhaus samt Meierei aus dem 17. Jahrhundert, das nach einem Brand 1813 mehrfach umgebaut wurde. Gegenüber dieser Villa lohnt der Aussicht wegen ein Besuch einer ehemaligen Geschütz-Plattform. Der Blick nach links fällt auf den „versteckten" Barbaraturm, eine Anlage im System der skarpierten (senk-

Die Richterhöhe ist nach dem bedeutenden Geografen und Alpinisten Eduard Richter benannt.

recht abgeschnittenen) Westseite des Mönchsbergs, die man von hier bis zur Bürgerwehr überblickt. Eine lateinische Inschrift gegenüber dem Haus Augustinergasse 24 erklärt das: „Paris Lodron befestigte 1624 (im Dreißigjährigen Krieg) die Stadt jenseits der Salzach mit gebrochenen Steinquadern, die mit Hauen und Brecheisen diesem Berg abgerungen wurden."

Spuren dieses Steinebrechens sind trotz des Bewuchses noch am rechten Ende des Geländers über dem Neutor erkennbar: Schmale Schlitze im Felsen, die mit Hauen in mühseliger Arbeit geschnitten wurden, damit Brecheisen dem Berg Quader „abringen" konnten. Dieser Steinbruch lieferte das Material für Großbauten in der Altstadt.

Die Wespentaille des Mönchsbergs über dem Neutor bot die strategisch und finanziell günstigste Chance für einen Wehrbau – die 1487 aufgeführte Bürgerwehr. Sie stammt noch aus jener Zeit, als die ersten „Mauerbrecher" (Mörser) wegen ihres Gewichts von bis zu vier Tonnen auf miserablen Straßen über Land nur mit riesigem Aufwand transportabel waren und leichte Kanonen nicht als Mauerbrecher taugten. Deshalb besteht die Bürgerwehr noch aus kleinen Steinen. Bis zum Dreißigjährigen Krieg eineinhalb Jahrhunderte später hatte die Artillerie erheblich bessere Kanonen entwickelt, weshalb man Wehrbauten mit großen Quadern errichtete. Dieser Unterschied ist an den Bastionen der Festung oder an der Müllner Schanze erkennbar.

Die Bürgerwehr ist in ihrer imponierenden Breite nur zu überblicken, wenn Bäume und Gestrüpp kein Laub tragen.

Die Bürgerwehr bewachte auch die nächste strategische Schwachstelle des Mönchsbergs, nämlich den sanften Hang von der Riedenburg herauf. Diese Schwäche beseitigte die Skarpierung, durch die erst seit 1892 eine Stiege führt.

„Die Gegenden von Salzburg, Neapel und Konstantinopel halte ich für die schönsten der Erde." Dieses zugkräftige Lob steht seit 1896 als Humboldt-Zitat neben der Stiege zur „Humboldt-Terrasse". Der Universalgelehrte Alexander von Humboldt bereitete sich im Winter 1797/98 (Gedenktafel in der Schanzlgasse) in der riesigen naturwissenschaftlichen Bibliothek Karl Ehrenbert von Molls (Gedenktafel am Universitätsplatz) auf seine erste große Forschungsreise nach Lateinamerika vor. Weil Humboldt nie in Konstantinopel war, ist dieses Zitat falsch – es schadet aber niemandem. Die Humboldt-Terrasse diente seit dem Dreißigjährigen Krieg als Geschützplattform, strategisch als Deckung der Engstelle beim Klausentor angelegt.

Das Hotel Mönchstein gleich nebenan steht auf dem Platz des im 14. Jahrhundert errichteten Mönchstein-Wehrturms, der 1654 im Schutz der Müllner Schanze zum „Mathematikerturm" ausgestaltet wurde und den Strategen der Wissenschaft diente – als Wohnhaus für Professoren der Universität.

An seinem nördlichen Ende senkt sich der Mönchsberg sanft in die Ebene. Die Stadtbefestigung musste daher im Dreißigjährigen Krieg von der Bürgerwehr auf diese strategische Schwachstelle vorrücken. So entstand zwischen 1623 und 1638 die Müllner Schanze, in deren Schussfeld der Halbkreis vom Kapuzinerberg bis Maxglan lag. Diese Halbkreis-Sperre eines Berges ist nördlich der Alpen ein einzigartiges Beispiel der damals modernen „venezianischen Festungstechnik": ganz oben Artillerieplattformen, durchbrochen von der Augustinuspforte, darunter abermals eine, durchbrochen von der Monikapforte, davor eine Zugbrücke (seit 1895 steinerne Straßenbrücke) über den breiten Wehrgraben und ein niedriger, aber langer Wall (noch entlang der Armbrust-Schießstätte erhalten) als Deckung für Gewehrschützen. Ein Angreifer hätte also drei Wehrlinien überwinden müssen und wäre am Graben vor der Monikapforte wegen der beiderseits vorgeschobenen Bastionen der „mittleren Ebene" in arge Bedrängnis geraten: Beschuss von drei Seiten. Das macht den „venezianischen Fortschritt" im Festungsbau durch den Vergleich mit der schnurgeraden Bürgerwehr augenfällig.

Ein bemerkenswertes Stück Geschichte beschreibt die lateinische Inschrift über der Augustinuspforte: „Diese Wehranlage gegen die Ketzerei weihte Fürsterzbischof Paris Lodron 1623 dem großen Bischof von Hippo (= Annaba in Algerien), Augustinus, dem starken Bollwerk Afrikas und schmetternden Hammer gegen die Ketzer." Wie der heilige Augustinus (354–430) Hippo gegen die Vandalen und die Kirche gegen Irrlehren verteidigt hat, so wollte Paris Lodron Salzburg im Dreißigjährigen Krieg gegen die Truppen der protestantischen „Ketzer" schützen. Es dauerte bis in das 20. Jahrhundert, ehe der ökumenische Geist endlich diese Punzierung überwand.

Maria Plain ist nicht nur für Wallfahrer

Der Wallfahrtsweg nach Maria Plain hat religiöse und daher auch kulturgeschichtliche Bedeutung. Immerhin ziert die Plainer Madonna unzählige Hauswände und Bildstöcke im ganzen Land. Genau genommen beginnt dieser von 15 Bildstöcken gesäumte Wallfahrtsweg bei der Apotheke in der Elisabethstraße. Die Bildstöcke erinnern Gläubige an die 15 Stationen der drei Rosenkränze. Der „Plainweg" zweigt erst beim 9. Bildstock neben der Plainbrücke ab, für die der Bildhauer Josef Anton Pfaffinger 1733 die Statue des „Brückenheiligen" Nepomuk geschaffen hat.

Nur 50 Meter nach der Abzweigung fällt neben dem Plainweg eine schlanke Säule auf. Sie trägt das Bild der Plainer Madonna und zählt die Lobpreisungen aus der Marien-Litanei auf. Kurz nach der Autobahnunterführung durchschneidet der Plainweg den Weiler Kemating. Dieser Name stammt von einem römischen Gutshof, der über eine Bodenheizung und daher über ein warmes Wohnzimmer verfügte, eine „caminata". Deshalb hießen ab dem Mittelalter auch beheizbare Zimmer für Damen „Kemenate". In Kemating überdauerte auch unverändert ein altes Bauernhaus. An diesem Blockbau fallen die kleinen Fenster auf, weil Fensterglas einst viel kostete, weshalb man bei der Fenstergröße sparte.

An der Abzweigung zur Kreuzigungsgruppe auf dem Kalvarienberg steht eine Votivsäule, die ein anonymer Salzburger 1705 als „inbrünstiges Deo Gratias" an die Madonna gestiftet hat. Sie

Die Madonna von Plain schmückt Dutzende Häuser
in Stadt und Land Salzburg.

Nahe der Plainbrücke steht neben dem Pilgerweg diese Säule, beschriftet mit Lobpreisungen aus der Marienlitanei.

habe 1668 das Erzstift Salzburg trotz eines bedrohlichen Zeichens am Himmel (einem unerklärlichen Nordlicht am 26. Dezember!) und 1704 (Türkengefahr und Spanischer Erbfolgekrieg) vor der Strafrute Gottes bewahrt.

Der letzte Anstieg des Pilgerweges führt über den Kalvarienberg, den Fürsterzbischof Johann Ernst Thun um 1686 kurz nach dem Bau der Wallfahrtskirche (1671–1674) von oben her aufschütten und bis 1692 von Stiftern mit vier Kreuzwegkapellen schmücken ließ. Von dort steuert eine Allee von Obstbäumen auf die Schmerzenskapelle zu: Ein Schwert trifft Maria ins Herz und symbolisiert den Schmerz Marias über den Kreuzestod Jesu.

Gleich nebenan steht die vormals hölzerne Ursprungs-Kapelle, die 1652 für das Maria-Trost-Bild errichtet wurde. Das Gnadenbild hatte in Niederbayern einen Brand unversehrt überstanden, kam dann nach Salzburg und schließlich zur Verehrung auf den Plainberg. Wachsender Zustrom von Pilgern bewog dann Fürsterzbischof Max Gandolf Kuenburg zum Bau der Basilika und zur Überführung des Gnadenbildes auf den Hochaltar. Auf dem Bild schickt sich Maria an, das Jesuskind mit einem feinen Gewebe zuzudecken. Deshalb nannte der nicht zimperliche

Volksmund die Madonna auch „Strudelmarie". Den Abschluss des Altarraumes bildet das 1685 kunstvoll geschmiedete Gitter, in dessen schmalen Ausläufern Türken eingearbeitet sind – ein Hinweis auf die Niederlage der Türken vor Wien zwei Jahre zuvor.

Als Rückweg lohnt der Abstieg nach Bergheim. Er führt über freie Felder, durch die jedes Jahr die Bergheimer Fronleichnamsprozession zieht – in dieser Form eine der letzten im Land, und das vor einer großartigen Kulisse. Das „sakrale" Zentrum Bergheims liegt abgehoben vom Dorf auf einem Hügel: die Pfarrkirche mit dem für den Flachgau charakteristischen Turm (unten quadratisch, oben achteckig und darauf eine Haube), der elegante Pfarrhof, der Friedhof und die 1520 errichtete Laurentiuskapelle.

Über den künstlich aufgeschütteten Kalvarienberg führt der von 14 auf 5 Stationen verkürzte Kreuzweg hinauf zur Basilika.

Die Kreuzigungsgruppe auf dem Kalvarienberg.

Das Altarblatt stellt das Martyrium dieses Heiligen dar, der am 10. August 258 auf einem Rost lebendig verbrannt wurde. Darauf führt eine Legende den Sternschnuppenschwall der Perseiden in der ersten Augusthälfte zurück, die der Volksmund „Laurentiustränen" nennt.

Am Fuß des Plainbergs verdient das Heizkraftwerk Nord zwischen Plainbrücke und Salzach wegen seiner modernen Industriearchitektur Aufmerksamkeit. Der schlanke Schlot verjüngt sich von quadratischem Grundriss zu dreieckigem Abschluss und am schwarzen Wärmespeicher windet sich eine helle Wendeltreppe empor.

Am Fuß des Plainbergs verbindet diese Wendeltreppe im Heizkraftwerk Nord Eleganz mit Zweckmäßigkeit.

HERRN PROF OTTO V. STEINHART
IN DANKBARER VEREHRUNG DER
ERSTE SALZBURGER DRACHENFLIEGER
UND PARAGLEITER CLUB
APRIL 1991

Fundgrube Gaisbergspitze

Für das Gipfelplateau des Gaisbergs interessierten sich bis herauf in die Romantik nur die Geiß- und Schafherden der Stifte St. Peter und Nonnberg. Doch am Morgen der Aufklärung entdeckten „Freunde der Natur das Vergnügen, auf dem Gaisberg den Auf- und Niedergang der Sonne zu betrachten". Ein Chronist bemängelte 1813, dass auf dem Gaisberg keine Hütte stehe, weshalb der Naturfreund die Nacht unter seinem „stark bethauten Mantel" zubringen müsse. Diesen Mangel behob 1847 eine hölzerne Hütte, in der die Naturfreunde morgens „von der Zistel mit den nöthigsten Viktualien versehen" wurden. Alsbald erboten sich „Sesselträger" in der Stadt, Gehschwache um 30 Euro (Geldwert 2014) je Träger – das Neunfache des Taglohns eines Tischlers – auf den Gaisberg zu schleppen. Dieses Geschäft fiel dem Bau der (ersten österreichischen) Zahnradbahn 1887 zum Opfer. Immerhin beförderte die Gaisbergbahn ab der Haltestelle Parsch jährlich bis zu 40 000 Passagiere zu einem grandiosen Aussichtspunkt: im Süden 88 Kilometer zum Großglockner und im Norden bei klarer Sicht 124 Kilometer auf den Plöckenstein im Dreiländereck Deutschland–Österreich–Tschechien.

1929 erlag die mittlerweile schon altersschwache Bahn dem automobilen Zeitalter. 950 Arbeiter bauten die Gaisbergstraße in 362 Tagen, und die internationale Presse schwärmte von einer Sensation: die erste Straße auf einen Gipfel der Ostalpen.

Bei einem Rundgang um das Gipfelplateau verweisen zahlreiche Spuren auf die touristische Geschichte des Gaisbergs. Wo

Dank an Otto Steinhart, den Förderer des Paragleitens vom Gaisberg.

Dieser Rest einer Start-
rampe blieb als Erinnerung
an das in der Zwischen-
kriegszeit berühmte Segel-
flugzentrum Gaisberg.

heute Gleitschirmflieger
Richtung Westen starten,
entdecken scharfe Augen
noch Reste des 1887 ge-
bauten Hotels, das aber
1939 abbrannte. Gleich
daneben steht der Gast-
hof „Kohlmayr's Gaisbergspitz", entstanden durch den Ausbau
der Villa des Fotografen Friedrich Pflauder.

Hinter diesem Haus blieben neben dem Fahrweg zum Fern-
sehsender eine stark verwachsene Startrampe für Segelflieger
und eine Inschrift erhalten: „Erbaut den Segelfliegern Mai 1936."
Die Gaisbergstraße verhalf nämlich diesem Gipfel zu europawei-
ter Prominenz unter den Seglern: Start auf dem Gipfel, Landung
auf dem Flughafen in Maxglan und Transport des zerlegten Flug-
zeugs auf speziellen Autoanhängern zurück zum Gipfel. So erga-
ben sich jährlich bis zu 2 000 Starts und außerordentliche Flug-
leistungen: Startüberhöhungen bis zu 1 790 Meter, Flugdauer von
14 Stunden und Streckenflüge über 143 Kilometer bis in die Gegend von Amstetten. Das Ende der Segelfliegerei vom Gaisberg
zeichnete sich nach dem Zweiten Weltkrieg ab, als Starts mit Mo-
torwinden und mit Schleppflugzeugen die „Steinschleuder"-Me-
thode mit gespannten Gummiseilen ablösten.

Die gemütliche „Wirtschaft am Spitz" ähnelt zwar einer Alm-
hütte, war aber „Küchenbaracke" eines „Barackendorfs", das 1939
für eine „geheime Kommandosache" errichtet wurde. Bis 1945
war das Gipfelplateau militärisches Sperrgebiet. In sieben Bara-

Eduard Kuhn gründete in Salzburg Österreichs erste Schule für Motor-flieger.

...cken arbeiteten neben dem Personal der Luftraumüberwachung bis zu 25 Spezialisten an der Verbesserung der Funkpeilung und der Radarstörung sowie an der Entwicklung eines deutschen Radars. Die USA besaßen längst schon das Radar, mit dem sie im Atlantik deutsche U-Boote aufspürten und der deutschen Kriegsmarine schwere Schäden beibrachten.

Ab 1973 setzten die Drachenflieger die Tradition der Segler fort. Dazu trug der Flugzeugkonstrukteur Otto Steinhart großzügig bei. Er besaß das Plateau und schenkte den Drachenfliegern und Paragleitern je tausend Quadratmeter Grund für drei Startrampen. Die dankbaren Flieger setzten ihm auf dem Gipfel ein Denkmal.

Ein Denkmal im Ring der Straße erinnert an den waghalsigen Flugpionier Eduard Kuhn, der 1927 in Maxglan Österreichs erste Schule für Motorflieger gegründet, an Wochenenden mit Rundflügen um Salzburg Aufsehen erregt und bei Alpenflügen im Winter Möglichkeiten von Landungen im Gebirge erkundet hatte, um Hütten zu versorgen und Verunglückte zu bergen. 1932 stürzte Kuhn bei einem Lehrflug in Himmelreich in den Tod.

Das dritte Denkmal auf dem Gipfel ehrt den Bildhauer Carl Hermann, den Vater der österreichischen Weitwanderbewegung. Auf dem Gaisberg kreuzen sich nämlich die wichtigsten Nord-Süd- mit den Ost-West-Wanderrouten. Hermann formte für den Gaisberg einen „Weitwanderstein", der nach seinem Tod 1990 auf dem Gaisberg aufgestellt wurde. Hermann bereicherte die Bergsteigerei um einen wichtigen Satz: „Der Weg ist das Ziel."

B ✝ ⊕

1818

XXXII

Befestigte Grenzen

Auf dem nicht ganz einfachen Weg vom Rossfeld über den Hohen Göll und das Hohe Brett zum Torrener Joch stößt der Bergsteiger gelegentlich auf Rätselhaftes: in den Fels gemeißelt B+OE 1818. Das B steht für Bayern, OE für Österreich, 1818 bezeichnet das Jahr der Grenzziehung, das + den genauen Punkt der Grenze und darunter steht in lateinischen Ziffern die Nummer der Grenzmarkierung zwischen Wals und dem Dreiländereck (Bayern, Salzburg, Tirol) auf dem Scheibelberg im Unkener Heutal.

Sieht man von den Verlusten des Rupertiwinkels, Tirols bis zum Ziller, des Liesertals bis Gmünd und des Pfleggerichts Matrei in Osttirol ab, dann bestehen die Grenzen des Bundeslandes Salzburg seit dem Mittelalter. Das belegen Grenzsteine und Wehranlagen. Bei Fahrten über die Landesgrenzen fallen alte Grenzsteine nicht auf, obschon sie als Zeitzeugnisse Beachtung verdienen.

Die Alpenstraße überquert die Grenze zu Berchtesgaden an einer Engstelle zwischen Königsseeache und Untersberg. Zwei kleine Steine markieren diese Linie. Hinzu kommt noch ein Relief des auch in Salzburg verehrten heiligen Leopold (1095–1136) in Ritterrüstung, mit Herzogshut, einer Fahne als Herrschaftszeichen, einer Kirche in seiner Linken als Hinweis auf seine Klostergründungen und dem österreichischen Doppeladler zu Füßen. Darunter steht lateinisch (ohne Jahreszahl): „Die Macht der

Die 1818 gesetzte Markierung der Grenze zwischen Bayern und Österreich auf dem Göll.

Österreichischer Grenzstein von 1818 auf dem Walserberg.

Könige sind die Herzen (= Zuneigung) der Untertanen." Gegenüber stellt der Text auf einer Marmortafel aus dem 16. Jahrhundert mit der Kreuzigungsgruppe und dem Wappen der Fürstpropstei Berchtesgaden fest: „Friede den Einreisenden und Einheimischen". Die Grenze verläuft genau an dem Wehr, das den Almkanal aus der Königsseeache ableitet. Dass diese Grenze keine scharfe Trennlinie zog, verrät die lateinische Inschrift am Turm der Wallfahrtskirche von St. Leonhard: „Ferdinand, Kölner Erzbischof und Wähler (des Kaisers), Propst von Berchtesgaden 1610" und darüber das Wappen der Fürstpropstei. Sie betreute nämlich bis 1803 diese Pfarrgemeinde auf Salzburger Boden.

Kaum wahrzunehmen ist der kleine Grenzstein zwischen den ehemaligen Grenzposten an der Bundesstraße über den Walserberg. Auf einer Seite zeigt er den österreichischen Doppeladler, auf der anderen das Wappen des Königreichs Bayern und jeweils darunter die „Laufnummer" (15) des Steins und die Jahreszahl 1818.

An den Grenzen im Uhrzeigersinn um das Land Salzburg herum stehen Reste massiver Wehrbauten. In Straßwalchen und Neumarkt unterstreichen strategisch zusammenhängende Wehrbauten die Bedeutung der Hauptstraße von Salzburg nach Wien. Sie sollten auch Übergriffe aufständischer Innviertler Bauern auf Salzburg unterbinden.

In Straßwalchen blieben von der Schanze rings um die Pfarrkirche auf einem Hügel nur schwer erkennbare Reste. Hingegen besteht in Neumarkt noch die von den Fürsterzbischöfen Wolf Dietrich und Paris Lodron errichtete Festungsanlage rings um die Pfarrkirche und den Friedhof zum Schutz dieses bedeutenden Handelszentrums.

Obschon hart an der Grenze gelegen, bedurfte die Kirche in Irrsdorf bei Straßwalchen keiner Befestigung. Ihr 1408 geschnitztes Portal symbolisiert nämlich Frieden: die Begegnung zweier schwangerer Frauen – Maria (links) mit Jesus und ihre Verwandte Elisabeth mit Johannes, dem Täufer und Vorläufer Jesu.

Im Verlauf von Grenzverhandlungen vereinbarten Salzburg und Oberösterreich 1567 einen Grenzstein auf dem Pass Gschütt. Der Pächter des Wachthauses musste am Schranken den Transport von Wein, Vieh und Schmalz notieren. 200 Jahre später rückte eine Besatzung in dieses Wachthaus ein, um den schwunghaften Schmuggel abzudrehen.

Wegen fortdauernder Reibereien um den Verlauf der Grenze zwischen Salzburg und der Steiermark sicherten die Fürsterzbischöfe ab dem 13. Jahrhundert ihre Ostgrenze an der Enns mit

Modell der Wehranlage im Steinpass bei Unken.

Portal der Kirche von Irrsdorf.

einer Talsperre im Pass Mandling. Die massive Toranlage flankieren beachtliche Wehrmauern, die teils noch gut erhalten blieben. Der Grenzstein von 1677 trägt das Wappen des Fürsterzbischofs Max Gandolf von Kuenburg und des Landes Salzburg. Strategisch bildet die Talsperre in Mandling eine Einheit mit der Festungsstadt Radstadt.

Auch den Lungau sicherten zwei Talsperren gegen die Steiermark und die im 15. Jahrhundert bedrohlich anrückenden Türken. In Seetal blieben von einer rund 400 Meter langen Wehranlage nur mehr das „Klausentor", der anschließende „Klauswirt" und die spärlichen Reste des „Gschloß" (Burg) Klausegg.

Die Talsperre in Ramingstein verlief von der Burg Finstergrün herunter bis zur Mur. Die dem Verfall preisgegebene Burg wurde von 1900 bis 1905 romantisch erneuert, von der massiven Sperrmauer überdauerte nur ein kaum erkennbares kurzes Stück am Rand des Friedhofs.

An Salzburgs Grenze mit Kärnten und Tirol fehlen historische Grenzsteine. Erst im Raum Lofer sicherte das Pinzgauer Festungsviereck diesen strategisch bedeutenden Raum und die wichtigste Handelsstraße von Salzburg nach Innsbruck. Von der politischen Neuordnung Europas nach den Napoleonischen Kriegen blieb nur mehr der mit dem bayerischen Wappen und dem österreichischen Doppeladler versehene Grenzstein von 1818 im Steinbachgraben neben der alten Landstraße über den Steinpass. Rund hundert Meter weiter westwärts schützte ein stark befestigtes Tor die Grenze und die Straße. Zwischen beiden Positionen erläutert die lateinische Inschrift auf einer Marmorplatte im Felsen neben der Straße: „Gebaut 1646 (im Dreißigjährigen Krieg) von Erzbischof Paris aus dem Geschlecht der Lodron." Eine zusätzliche Gedenktafel darunter stellt fest: „Das befestigte Tor, das Erzbischof Paris einst zur Abwehr unerwünschter Fremdlinge hier errichtet hatte, wurde 1929 von einem neuen Zeitalter zerstört, damit erwünschte Fremdlinge nicht an der Einreise gehindert werden."

Der Grenzstein am Walserberg trägt die Nummer 15, jener am Steinpass 183. Also haben Geodäten 1818 an der rund 96 Kilometer langen Grenze rings um das Berchtesgadener Land 183 Punkte markiert. Knapp 60 Prozent der Grenzlinie durchschneiden Karst in Höhen über 1 800 m und führen über teils schwierige Gipfel: Göll 2 522 m, Teufelshorn (Hagengebirge) 2 363 m, im Steinernen Meer über den Funtenseetauern 2 573 m, den Hundstod 2 594 m, die Hocheisspitze 2 521 m sowie in der Reiter Alpe über das Stadelhorn 2 286 m und das Wagendrischelhorn 2 251 m. In dieser hochalpinen Karstregion gab es 1818 weder markierte Steige noch Hütten und zudem nur wenig Wasser. Die in diesen Hochlagen erhaltenen Grenzmarkierungen dokumentieren ungewöhnliche Leistung der Geodäten vor zwei Jahrhunderten.

Stadt, Markt, Dorf

Städte lassen sich politisch, wirtschaftlich (kurze Wege!) oder bautechnisch definieren. Ein auffallender Unterschied zu Dörfern sind die geschlossenen Häuserfronten entlang der Verkehrswege, etwa in Hallein oder Neumarkt. Eine Ausnahme bilden Märkte, deren Zentren „Verkaufszeilen" und auch Wirtshäuser bilden. Kuchl, Werfen oder Tamsweg sind dafür einprägsame Beispiele.

Den Charakter der Straßen prägt die Ausrichtung der Dächer. Steht der First im Winkel von 90 Grad zur Straße, dann kragen die Dächer über die Fassade aus und die Dächerlinien bilden – wie in Golling – ein munteres Zickzack. Stehen aber die Firste und damit auch die Dachtraufen parallel zur Straße, so ergibt das gerade Dachlinien, wenngleich von unterschiedlicher Höhe.

Manchen Hausherren und besonders den Besitzern von „nobleren" Gebäuden missfiel das Zickzack der Dächerlinie. Daher zogen sie die Fassade mindestens bis zum First hinauf. Das erklärt auch, warum das Regenwasser aus mehreren Traufen an der Fassade durch ein Abflussrohr abgeleitet wurde.

Die Konstruktion der einst mit Schindeln gedeckten Dächer berücksichtigte naturgemäß auch die Feuergefahr und die noch sehr leistungsschwachen Feuerwehrspritzen. Deshalb zerlegte man große Dächer auf breiten Gebäuden in mehrere kleine Dächer. So entstanden die Grabendächer, die noch immer Salzburgs

Dieses bewohnte Steinhaus in Lessach wurde vor rund 90 Jahren mit Ziegeln aufgestockt, nachdem die Murtalbahn ab 1894 den Transport von Massengütern ermöglicht hatte.

Ineinander verkeilte Bruchsteine fangen den Druck der Mauer auf den Fensterrahmen ab.

Dachlandschaft kennzeichnen. Das Musterbeispiel dafür ist der „Hohe Stock" mit den Fürstenzimmern auf der Festung Hohensalzburg. Im 16. Jahrhundert wurde dessen riesiges Dach durch ein Grabendach ersetzt, dessen Konturen von der Stadt aus deutlich erkennbar sind.

„Steinhäuser" mit Verputz getarnt

Kratze in Städten und auf dem Land am Verputz von 150 oder mehr Jahre alten Gebäuden und es kommen statt Ziegelmauern meist nur aus Bruchstein, Bachsteinen und Mörtel aufgeführte „Steinhäuser" zum Vorschein. Dieses Baumaterial fand man preiswert überall in nächster Nähe, nicht aber ergiebige Lager von tonhaltigem Lehm zur Herstellung von Ziegeln. Den Überlandtransport von Ziegeln auf Ochsenkarren über miserable Straßen konnten sich nur sehr gut Betuchte leisten. In Österreich tauchten deshalb Ziegel ab dem 13. Jahrhundert fast nur in der Nähe von „Lehmgruben" auf.

Erst die Eisenbahn ermöglichte ab Mitte des 19. Jahrhunderts den schnellen und vergleichsweise preiswerten Transport von Massengütern wie Ziegel oder Kohle. Und wo die Eisenbahn nicht hinkam – etwa in abgelegene Alpentäler –, besorgte der Lkw seit Ende des Ersten Weltkriegs den Transport von Massengütern.

Seit Jahrhunderten stehen Tausende stabile „Steinhäuser", allerdings hinter sauberem Putz versteckt. Diesen „Aufputz" schenkt man sich aber bis heute bei vielen Ställen oder wirtschaftlichen Nebengebäuden. Sie sind schützenswerte Zeugnisse der Entwicklung unserer Baukultur.

Steinhaus in Rauris. Um die Stabilität zu verbessern, wurde der ursprüngliche Holzbalken über den Fenstern durch Ziegel ersetzt.

Schlacke taugt als Schmuck

Der Schlackenputz ist ein Charakteristikum des Flachgaus. Dieser ornamentale Schmuck von Hausfassaden entstand beim Bau der Westbahn zwischen 1857 und 1860. Damals zogen noch Dampfloks die Züge, die von Salzburg nach Wien neun Stunden brauchten. Sie verbrannten sehr viel Kohle und entsorgten die Schlacke auf Bahnhöfen. Zudem ermöglichte erst die Eisenbahn den Transport von Massengütern und so ersetzte Kohle langsam den bislang einzigen Energieträger Holz (bzw. Holzkohle). Somit fielen beträchtliche Mengen Schlacke an.

Am Bau der Westbahn wirkten viele Wanderarbeiter aus dem Friaul vor allem als Maurer beim Brücken- und Tunnelbau mit. Sie fanden Unterkünfte bei Bauern nahe den Arbeitsplätzen und

bezahlten die Miete teilweise durch fachmännisches Verputzen von steinernen Fassaden. Und sie brachten aus ihrer Heimat auch die Verzierung mit Schlacken in Form von Ranken oder Figuren mit: Man drückte einfach Schlacken in den feuchten Verputz. So wurde der „Schlackenputz" vor allem im Flachgau, aber in bescheidenerem Ausmaß auch im angrenzenden Oberösterreich und im Chiemgau heimisch.

Damals ersetzten vergleichsweise begüterte Flachgauer Bau-

Schlackenputz in Dorfleiten ostseitig unterhalb der Kaiserbuche.

118

„Mann im Mond" als Schlackenputz in Seewalchen bei Seekirchen.

ern ihre alten Blockbauten – in Eigenregie und mit üblicher Nachbarschaftshilfe – durch gemauerte Häuser. Da halfen auch ebenso geschickte wie flinke Friulaner mit und rieten dazu, den eintönigen Verputz doch mit Schlackenornamenten aufzulockern.

Aus dieser Methode entwickelte sich dort, wo Kohle noch nicht das Brennholz ersetzt hatte und keine Schlacke anfiel, der Scherbenputz. Es ging eben Koch- und Tischgeschirr aus glasiertem Ton oder Glas zu Bruch und landete in „Scherbengruben". Bei Bedarf konnte man sich dort Tonscherben für den „Scherbenputz" holen.

Um die Wende ins 20. Jahrhundert geriet der Schlackenputz außer Mode, erlebte aber in den 1920er- und 1930er-Jahren eine bescheidene Renaissance. So blieb dem Flachgau ein sehenswertes Stück Volkskultur erhalten: Schlackenputz an gemauerten Höfen.

Meisterschaft der Zimmerer im Blockbau

Den Charakter der ländlichen Siedlungsgebiete prägt der Blockbau. Dort wächst der Baustoff Holz buchstäblich vor der Haustüre. Deshalb sind Höfe vorwiegend Blockbauten über gemauertem Erdgeschoß. Zur Zeit Kaiser Karls des Großen tauchte das Wort „Zimbar" auf. Es bezeichnete erst Bauholz, dann den Blockbau, später dessen Innenraum „Zimmer" und schließlich den, der dieses Handwerk beherrscht – den Zimmermann. Dieser genoss höchstes Ansehen, weil er herstellte, was kein anderes Handwerk schaffte: ein Blockhaus und ein Dach über dem Kopf. Das erforderte handwerkliche Meisterschaft, denn ohne stabile Eckverbindungen widersteht kein Blockbau 400 und mehr Jahre lang Wind, Wetter und Winter.

Die Grundform der Eckverbindung sieht man an kleinen Stadeln, die zu Hunderten in der Landschaft stehen: das Kopfschrot an Rundholzbalken. Sie werden etwa eine Handspanne vor ihren Enden stark eingekerbt, an diesen Kerben kreuzweise aufeinandergelegt und mit Holzzapfen fixiert. Nach außen stehen dann in der Fortsetzung der Blockwand „Köpfe" vor.

Wohnbauten in Blockbauweise sind aus Kantholz nach dem Muster der Rundholzbalken gefügt, weshalb das Profil des „Kopfs" rechteckig und nicht rund ist. Die Fugen zwischen den Balken werden mit Moos oder Dämmmaterial möglichst „winddicht" gemacht.

Die elegante Variante des Kopfschrots ist das Schließschrot: Der Kopf wird abgeschnitten, damit die Eckverbindung mit den

Doppelter und dreifacher „Schwalbenschwanz".

Links: Kopfschrot aus Rundholz.
Rechts: Kopfschrot aus Kantholz.

Wänden glatt „schließt". Dafür müssen die Enden der Balken passgenau keilförmig angeschnitten (verzinkt) werden, damit sie sich rutschfest miteinander „verkeilen". So entsteht der „Schwalbenschwanz" oder dessen Verfeinerung in Form einer Glocke. Diese Verbindungen sind in modernen Blockbauten üblich.

Zwischenwände im Blockbau werden wie ein Kopfschrot in die Außenwand eingepasst. So sieht man dem Blockbau von außen die Anzahl und Lage der Räume an. Stört den Bauherrn der „Kopf" und soll zur Funktion des Baus noch Schmuck kommen, dann werden vor allem den Zwischenwänden die Köpfe abgeschnitten und die Schnittstellen zu „Zierschroten" verfeinert: Häuser, Kirchen, Beile, Kreuze oder Buchstaben. Das setzt handwerkliche Meisterschaft voraus, weil die Wand passgenau nach der Form des Zierschrots ausgeschnitten werden muss.

Links: Klingschrot oder „Schwalbenschwanz".
Rechts: Meisterhaft gestalteter Klingschrot.

So passgenau Blockbauten auch ausgeführt sein mochten, wirklich „winddicht" waren sie trotz „Dichtungen" nicht, weil Holz immer „arbeitet" und sich geringfügig verzieht. Die intelligente Lösung dieses Problems hieß Vertäfelung vom Boden bis zur Decke. Dahinter stopfte man Dämmmaterial. Die sprichwörtlich gemütliche, weil vertäfelte Bauernstube ist somit das Ergebnis einer durchdachten Methode, sich gegen Kälte zu schützen.

Blockbauten sind immer ein Objekt für scharfe Augen, damit einem kulturgeschichtliche Details wie die Vielfalt der Schrote nicht entgehen.

Zäune bestehen aus verwertetem Abfallholz

„Der Erste, der ein Stück Land einzäunte und zu seinem Eigentum erklärte, verursachte Verbrechen und Elend. Jemand hätte den Zaun einreißen müssen, denn die Erde gehört niemandem." Das schrieb der Genfer Philosoph Jean-Jacques Rousseau unter den gesellschaftlichen Bedingungen von 1750. Unsere ländlichen Zäune grenzen zwar auch Grundbesitz ab, verhindern aber Ungemach: Dass Haustiere aus der Weide ausbrechen und Schaden auf anderer Leute Grundbesitz anrichten oder dass Wild Gärten und Felder abgrast und Ernten schädigt. Heute ersetzen mobile Elektrozäune schon vielfach jene Zäune, die mit handwerklichem Geschick so gesteckt werden, dass sie dem Druck von Rindern oder Schnee und auch den Unbilden des Wetters jahrzehntelang standhalten.

Der Werkstoff besteht aus Abfallholz. Jungwälder müssen ausgeholzt werden, um zu gedeihen. Das gibt für Zäune verwertbare Stangen und Pfosten. Taugen Lärchen oder Fichten nicht als Bauholz, dann wird ihr Stamm in Stücke geschnitten, gespalten und für Steckzäune verwertet. Lärchenäste

Oben: Girschtzaun.
Unten: Rautenzaun.

lassen sich überkreuzt so stabil stecken, dass sie Stangen tragen. Eine besonders intelligente Konstruktion sind Ringzäune: In einen Pfosten werden alle Handspannen lang Holzzapfen getrieben, auf denen dann die Stangen liegen. Damit diese nicht herunterfallen, wird ein zweiter Pfosten gesteckt. „Ringe" aus Ästen, die über einem Feuer gebogen werden, halten dann beide Pfosten fest zusammen. Als Ersatz für Holzzapfen werden häufig auch Holzstücke zwischen den Stangen verwendet.

Bretterzäune bestehen aus Abfall in Sägewerken: „Schwartlinge" und Bretter vom Rand eines Stammes, die sonst nur als Brennholz taugen, werden als einziger Zaun mit Nägeln an Pfosten befestigt.

Zäune haben regional verschiedene Namen und Mischformen, aber die „Bauprinzipien" werden an Material und Steckform erkennbar. Sie alle tragen zum Charakter der ländlichen Regionen bei.

Ringzaun.

Die Redensart, jemandem „mit dem Zaunpfahl winken", bedeutet, ein unübersehbares Signal zu geben, dass es für geringfügige Vergehen beliebiger Art eine Tracht Prügel setzt.

Doppelstadt, Salzhandel, Hochwasser

Oberndorfs Geschichte begann im Mittelalter als Vorstadt des salzburgischen Städtchens Laufen jenseits der Salzach. 1816 fiel Laufen samt dem Rupertiwinkel an Bayern, die Salzach wurde zur Staatsgrenze. Ein Blick vom Oberndorfer Brückenkopf der 1903 geschlagenen „Länderbrücke" nach Laufen dokumentiert es: über dem ersten Brückenpfeiler der österreichische Doppeladler, über dem zweiten das Wappen des Königreichs Bayern (1806–1918). 1995 fielen die Grenzbalken zwischen den Nachbarn in der EU. Dennoch bleibt eine Grenze, die für zwei zusammenwachsende Städte von besonderem Reiz ist: Herüben spricht man salzburgisch, 140 Meter weiter drüben bayerisch.

Jenseits der Brücke betritt man den Marienplatz, Laufens Zentrum. Hier zweigt südwärts die kurze Schlossstraße zum Salzburger Tor ab, gesäumt von Häusern jener Gewerbe, die im Zeitalter der Postkutschen besondere Bedeutung hatten: Schmiede und Wagner. An der Außenseite dieses Stadttors erinnert das Wappen des Fürsterzbischofs Johann Ernst Thun (1687–1709) an die Zugehörigkeit Laufens zum unabhängigen „Kirchenstaat" Salzburg.

Gegenüber dem Salzburger Tor steht das 1647 errichtete und 1993 aufgelassene Kapuzinerkloster. Hier absolvierte der heilige Bruder Konrad 1851/52 sein Noviziat, ehe er sein lebenslanges Pförtneramt im St.-Anna-Kloster in Altötting antrat. Im kleinen Klosterfriedhof nebenan hält eine Statue das Andenken an diesen Mönch wach.

Denkmal für die Schöpfer des Liedes „Stille Nacht" –
Josef Mohr und Franz Xaver Gruber – vor der Kirche in Oberndorf.

In der Rottmayrstraße weist eine Tafel auf das Wohnhaus des bedeutenden Barockmalers Johann Michael Rottmayr (1654–1730) hin, der jahrelang in Salzburg wirkte (Gedenktafel Residenzplatz 2) und seine Karriere in Wien beschloss. So sehr Laufen dem Charakter der Salzachstädte entspricht, drei enge Nebengassen der Rottmayrstraße markieren einen charmanten Unterschied zu Salzburg: „Gassln" (der Färber, Lebzelter und Mühlen) statt „Gässchen".

Die Rottmayrstraße endet vor der großartigen Stiftskirche mit dem Kreuzgang, in dem Zehntausende Füße die marmornen Grabsteine auf dem Boden stark abgeschliffen haben. Durch verwinkelte Gassen und das Untere Stadttor kommt man zur Salzach und dem 2006 fertiggestellten Europasteg hinüber nach Altach, Oberndorfs westlichem Vorort. Hier bestand seit dem 13. Jahrhundert eine Holzbrücke, deren Pfeilerstümpfe bei Niedrigwasser noch erkennbar sind. Hier musste einst Brücken- und eine Schiffsmaut bezahlt werden.

Der Europasteg zielt genau auf die lange steinerne Stiege hinauf zum Kalvarienberg und weiter zur Wallfahrtskirche Maria Bühel. Am Fuß dieser Stiege steht der heilige Johannes von Nepomuk, geschaffen vom Laufener Bildhauer Josef Anton Pfaffinger (1684–1758). Der „Brückenheilige" Johannes von Nepomuk wurde in Prag ertränkt, weil er sich wegen des Beichtgeheimnisses geweigert hatte, dem König die Beichten der Königin zu verraten.

Als diese Salzachbrücke 1903 gebaut war, verband sie das österreichisch-ungarische Kaiserreich (Oberndorf) mit dem Königreich Bayern (Laufen).

Gedenken an Leopold Kohr, den Philosophen des „small is beautiful", an der nach ihm benannten Promenade am Salzachufer in Oberndorf.

Vom Europasteg führt die nach dem Oberndorfer Philosophen Leopold Kohr (1909–1994) benannte, 1,5 Kilometer lange Promenade entlang der Salzach bis zur Länderbrücke. Auf der Dammkrone erinnert ein Denkmal an Kohrs Lehre „vom rechten Maß – small is beautiful", die Weltgeltung erlangt hat. Allerdings zweigt man schon nach 400 Metern links ab in den Stille-Nacht-Bezirk – einer Kapelle, einem Museum und dem alten Pfarrhof, in dem Josef Mohr als Hilfspriester von 1817 bis 1819 gelebt hat. Vor Weihnachten 1818 versagte die Kirchenorgel ihren Dienst, also bat Mohr seinen Freund Franz Xaver Gruber – Lehrer, Organist und Mesner im vier Kilometer entfernten Arnsdorf –, das 1816 in Mariapfarr verfasste Gedicht „Stille Nacht" zu vertonen. In der Christmette 1818 sangen die beiden Männer dieses Lied zur Gitarre – die Premiere eines Welterfolgs.

Der mittlerweile auf rund sechs Meter erhöhte Damm zur Salzach hin fehlte damals noch. Also überschwemmte beinahe jedes Hochwasser diesen Bezirk und auch die Kirche St. Nikola, 1899 bis zu einem Meter hoch, weshalb die ohnehin schon schwachen Fundamente nachzugeben drohten. Daher wurde diese Kirche (zwischen Pfarrhof und Wasserturm) nach der „Übersiedlung" Oberndorfs an den heutigen Standort abgebrochen.

Hier lohnt noch ein Abstecher in die nach den Salzachschiffern benannte kurze Schöffleutgasse wegen eines ungewöhnlichen

Freskos. An einer Hausfront flankieren zwei Heilige und das Auge Gottes eine echte Eisenkugel und darunter steht: „Der dreieinige Gott beschützte dieses Haus vor dieser feindlich französischen Kugel den 13. Dez. 1800." Damals besetzten Napoleons Truppen Salzburg.

Von der Leopold-Kohr-Promenade hat man einen Überblick über die Schleife der Salzach, die für Oberndorf und Laufen Segen und Unglück bedeutete: Salzhandel und Hochwasser. Stromschnellen und der 1773 gesprengte „Nocken" (Felsen in der Salzachschleife) behinderten die Schifffahrt derart, dass die Fracht der Boote meist umgeladen werden musste. Gleichwohl verschafften geografische Lage und Handelsrechte den Laufener „Schiffsherren" beinahe ein Monopol im Salzhandel auf dem Wasserweg von Hallein und Reichenhall bis Wien. In der hohen Zeit des Salzhandels um 1590 schwammen jährlich bis zu 33000 Tonnen Salz auf rund 3300 Booten durch diese Schleife. Der Salztransport auf Schiffen erlag schließlich der Eisenbahn, die den Handel ungleich schneller und sicherer abwickelte.

Andrerseits trafen die Hochwässer der Salzach Oberndorf und Laufen wegen des Zuflusses der Saalach in Bergheim noch härter

Ein ganz besonderer Wegweiser nahe der Laufener Stiftskirche.

Millionen Schuhe schliffen die Grabplatten auf dem Boden des Kreuzgangs in Laufen ab.

als Salzburg. Die Hochwassermarken an der Westseite der Laufener Stiftskirche sowie beiderseits der Salzach 900 Meter vom Europasteg flussabwärts lehren einen das Schaudern – obwohl die erhöhte Altstadt Laufens außer Reichweite der Fluten lag. Hochwasser zerstörte die alte Brücke (Europasteg) mehrfach und 1899 so gründlich, dass man nicht nur die Verlegung der Brücke an den heutigen Standort, sondern auch ganz Oberndorfs auf höheres Gelände plante. Die Fluten von 1899 hatten nämlich die ganze Zeile von 80 Gebäuden zwischen Europasteg und dem Stille-Nacht-Bezirk weggeschwemmt. Schon nach dem schweren Hochwasser von 1897 hatten die Bauarbeiten an der heutigen Länderbrücke begonnen, die Flut von 1899 riss alles weg. So dauerte der Bau dieser hochwassersicheren Brücke bis 1903.

An der neuen Salzachbrücke setzt die Brückenstraße als Hauptstraße durch das neue Oberndorf zur neuen St.-Nikola-Kirche auf einem geräumigen Platz an. Rechts neben der Kirche ehrt eine Bronzebüste den Laufener Barockmaler Johann Michael Rottmayr. Links steht das kulturelle Glanzstück Oberndorfs – die Bronzeplastik Josef Mohrs und Franz Xaver Grubers, geschaffen vom Priester und Bildhauer Josef Mühlbacher: Der Dichter Mohr lauscht der Melodie, die Gruber seiner Gitarre entlockt. Darunter setzte der Bildhauer (lateinisch) den sinnigen Satz: „Aus Bronze schuf Mühlbacher dieses Denkmal; ein stärkeres als aus Bronze schuf sich Mohr als Dichter selbst."

Zwischen Salzach und Lamprechtshausen

Den Charakter des Flachgauer Alpenvorlandes prägten die Eiszeiten: flache Täler und dazwischen sanfte Höhenzüge mit breitem Blickfeld auf die Alpen. Die geschlossenen Siedlungen liegen in den Tälern, über die Hügellandschaft sind Weiler verstreut – daher auch die Objekte für „Augen auf". In drei Rundtouren mit dem Auto kann man Sehenswertes besuchen. Die ausgezeichnete Beschilderung sichert die Orientierung.

An der Straße von Oberndorf nach St. Georgen stechen die beiden Zwiebeltürme der Wallfahrtskirche Maria Bühel ins Auge. Im östlichen tickt eine Pendeluhr, am westlichen zählt eine Sonnenuhr die Stunden. Das war preiswerter als die komplizierte technische Verbindung zwischen zwei mechanischen Uhren. Die Weiterfahrt führt zu einer Sonderform des Schlackenputzes: Mauern stark durchsetzt mit schwarzen Gesteinsbrocken und dazwischen Schlacken ohne Ornament (Jauchsdorf, Obereching, Irlach). Der gotische Beschlag des Portals der Kirche in Obereching bezeugt Schmiedekunst.

Die Kirche von St. Georgen steht wie jene in Eching auf einer Anhöhe über den Auen entlang der Salzach. Auf dem Friedhof ruht der Dichter und Maler Georg Rendl (1903–1972). Mit dem „Bienenroman" gelang ihm 1931 der literarische Durchbruch, gefolgt von der Romantrilogie über die Arbeitslosigkeit in Bürmoos. Den Dechanthof nebenan stiftete 1634 der Domherr Ulrich von Königsegg, dessen Wappen über dem Portal prangt.

Prächtige Wasserspeier an der Kirche von Holzhausen.

Die sanften Höhen des Flachgaus sind Aussichtsbalkone. Im Bild von links Schönfeldspitze, Watzmann und hinter dem Geiereck lugt noch der Berchtesgadener Hochthron hervor.

Die Weiterfahrt führt über die Landesgrenze nach Wildshut. An der Brücke über die Moosach steht ein alter Grenzstein, auf einer Seite mit dem Wappen des Salzburger Fürsterzbischofs Schrattenbach und der Jahreszahl 1771, auf der anderen Seite mit dem österreichischen Doppeladler und der Jahreszahl 1779, denn bis dahin gehörte das Innviertel zu Bayern.

Von Wildshut nun ostwärts über Holzhausen (Schlackenputz, Wasserspeier an der Kirche) nach Lamprechtshausen. Der romanische Kirchturm mit dem in „Außergebirg" einzigen Treppengiebel ist die bestimmende Landmarke. Eine Gedenktafel an der Kirchenmauer erinnert an die Typhusepidemie, die von Mai bis Oktober 1945 379 Personen befallen und 32 getötet hat. Eine zweite Tafel bezeichnet ein „Massengrab", in das Verstorbene beim Umbau der Kirche umgebettet wurden. Ein Abstecher in das Bürmooser Heimatmuseum lohnt, weil es die außergewöhnliche Entwicklung eines Moores mit einem „grundlosen See" zu einer prosperierenden Gemeinde binnen zwei Jahrhunderten nachzeichnet. Um 1800 begann der Abbau von Torf. Dieser Energieträger ermöglichte ab Mitte des 19. Jahrhunderts erst eine Ziegel- und dann bis 1929 eine Glasindustrie. Während der Weltwirtschaftskrise in den Dreißigerjahren galt Bürmoos als Salzburgs Armenhaus. Davon ist heute allenfalls noch die Erinnerung wach.

Steinhaus in Holzhausen. Die Steine sind mit Mörtel verfugt und mit einfachem Schlackenputz versehen. Später eingefügte Ziegel stabilisieren die Fassade.

In Maria Bühel ergänzen Gewichts- und Sonnenuhr einander.

Auf der Rückfahrt nach Oberndorf ist Arnsdorf ein Pflicht-stopp. Die Inschrift an der 1771 erbauten Schule nennt den Grund: *Stille Nacht, heilige Nacht! Wer hat dich, oh Lied, gemacht? Mohr hat mich so schön erdacht, Gruber zu Gehör gebracht: Priester und Lehrer vereint!* Franz Xaver Gruber war Lehrer, Mesner und Organist in Arnsdorf. Die unverändert erhaltene Schule ist jetzt ein Gruber-Museum.

Gleich nebenan steht die gotische und barock ausgestaltete Wallfahrtskirche „Maria im Mösl". Vom ursprünglichen Bau blieben unter anderem die Beschläge an den Türen erhalten. Eine Rarität ist das Beinhaus mit den sterblichen Resten jener Verstorbenen, deren Gräber wegen Platzmangels aufgelassen werden mussten.

Kaiser, Kloster, Kugelmühlen

Vor Anthering fällt westlich der Lamprechtshausener Straße der flache Kegel des Muntigl kaum auf. Er bekam seinen Namen vor fast 2 000 Jahren von den Römern: Monticulus = kleiner Berg. Seit dem Bau der Ortsumfahrung ist Anthering wieder ein ländliches Zentrum von 13 weit verstreuten Ortschaften. Im 8. Jahrhundert stand hier bereits eine hölzerne Kirche, die um 1200 von einem frühgotischen Bau abgelöst wurde. Aus dieser Zeit stammt noch die Krypta. Schräg gegenüber der Kirche trägt ein Hof Scherbenputz.

Nun weiter über Acharting, an der Flanke des Haunsbergs hinauf zum Weiler Dorfleiten (Schlackenputz!) und zur Kaiserbuche. Hier stand Kaiser Joseph II. am 28. Oktober 1779, um das Innviertel zu überblicken, das fünf Monate zuvor nach dem

Am Portal der Kirche in Arnsdorf verewigten sich Pilger sogar mit dem Schnitzmesser.

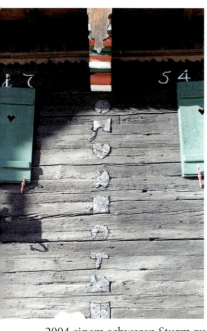

Zierschrot an einem Blockbau aus 1754 in Michaelbeuern.

Bayerischen Erbfolgekrieg an Österreich gefallen war. Diese Reise durch Salzburger Territorium von Straßwalchen über Mattsee und Berndorf diente allerdings einer „militärgeografischen Geheimmission", die Irritationen zwischen Salzburg und Wien auslöste. Joseph hatte es nämlich unterlassen, den souveränen Kirchenstaat Salzburg über diese Reise zu informieren. Trotzdem wurde noch 1779 zu seinen Ehren die Kaiserbuche gepflanzt, die 2004 einem schweren Sturm zum Opfer fiel.

Achtung bei der Abfahrt in das Oichtental: Knapp vor dem Talboden stehen südlich der Straße im Weiler Haßberg Blockbauten mit sehenswerten Eckverbindungen. In Nußdorf verdient ein Grabstein an der Kirche Aufmerksamkeit: In der Mitte ein Totenkopf über gekreuzten Knochen sowie beiderseits geknickte Kerzen als Hinweis, dass das Lebenslicht erloschen ist. Zwei Kilometer nördlich von Nußdorf lohnt der kurze Abstecher westwärts zur kleinen Kirche St. Alban wegen der Fresken aus dem 14. Jahrhundert.

Den Talschluss der Oichten beherrscht die Benediktinerabtei Michaelbeuern. Sie wurde im 9. Jahrhundert gegründet und mit der Aufgabe betraut, die geringe Bevölkerung religiös und medizinisch zu betreuen, in Landwirtschaft zu unterweisen und Schu-

Später Abglanz monarchistischer Pracht neben der Kaiserbuche.

len einzurichten. Unbedingt sehenswert ist die Stiftskirche, aber auch das Stiftsmuseum. Ebenso beachtenswert sind nahe der Kirche ein Blockbau aus 1754 mit erlesenem Zierschrot sowie in Dorfbeuern Scheunentore mit dem Segenssymbol und in der Pfarrkirche ein Fresko der heiligen Margaretha („Drachentöterin") in der Rolle der Schutzmantelmadonna (1612).

Im Ortszentrum von Berndorf erinnert eine Tafel daran, dass Franz Xaver Gruber hier von 1818 bis 1824 gewirkt hat. Eine Kapelle im Arkadengang zwischen Kirche und Friedhofskapelle stellt sehr realistisch die Szene auf dem Ölberg dar: Jesus bittet, dass der Kelch des bevorstehenden Leidens an ihm vorübergehe, während die Jünger schlafen.

Die „Drei-Brüder-Kapelle" bei Ursprung erinnert an einen beigelegten Erbschaftsstreit.

Besonders reichhaltiger Scherbenputz an einem Steinhaus.

In Seeham dokumentiert das Kugelmühlen-Museum die Geschichte dieses Gewerbes im Land Salzburg. Beispielsweise stellten 1792 49 Betriebe 4,6 Millionen „Datscher" (kleine Kugeln) und 64 000 „Pecker" (größere Kaliber) her (vgl. dazu auch S. 153f).

Die Kapelle des (aufgelassenen) Pfarrhofs an einem Nebensträßchen zwei Kilometer südlich von Obertrum birgt eine Rarität an barocker Malerei aus dem Jahr 1715: Perspektivisch gemalte Architektur lenkt den Blick nach oben in das durch zwei waagrechte Kulissen vorgetäuschte Gewölbe und hin zum Bild der Aufnahme Mariens in den Himmel – also eine Kombination aus Theaterkulisse und Malerei.

Kurz vor Elixhausen bei Ursprung liegt direkt an der Straße eine dreiseitige Kapelle. Sie wurde 1773 aus Dankbarkeit dafür gebaut, dass drei Brüder einen erbitterten Erbschaftsstreit einvernehmlich lösten. Der Streit entbrannte um das Schloss Ursprung (wegen der Quelle der Mattig), das die Familie Rehlingen aus dem Salzburger Beamtenadel 1692 erworben und mit „Fideikommiss" belegt hatte. Das war eine Stiftung, die sicherstellte, dass der Familienbesitz nie geteilt werden darf und nur einem Erben der Ertrag aus dem Nutzungsrecht zufällt.

An der Friedhofmauer in Elixhausen steht eine Pestsäule. Welchen Schrecken diese Seuche auslöste, ist an der Reaktion Europas auf die Ebola in Afrika zu ermessen.

Ungewöhnliche Darstellung der heiligen Drachentöterin Margaretha aus 1612 in der Pfarrkirche von Dorfbeuern. Rechts oben im Hintergrund das Stift Michaelbeuern.

nachten der Heiligen Jungfrau
hat der ... wirdt Creutz Gnrost
sich vnd sein Haussfrau sün mit
ehr ... den

Schwester magdalena
zu troist

... zeit ser ...
gedechter
... al ... el

Durch die Täler der Voralpen

„Visit-Salzburg", ein Internet-Reiseführer „für Individualisten", nennt Plainfeld eine „kleine Gemeinde ohne nennenswerte Sehenswürdigkeiten". Zudem leide sie am „Mangel an Attraktionen". Der Salzburg-Ring in Plainfeld ist aber zumindest eine Attraktion für Freunde dröhnender Auspuffrohre. Ein stiller Ausgleich ist das auffallend dünn besiedelte Tal des Plainfelder Baches, den die Straße von der Abzweigung knapp vor Koppl sieben Kilometer lang bis zur Kreuzung in Thalgau-Unterdorf begleitet.

Aus Thalgau stammt Karl Ehrenbert von Moll (1760–1838), Finanzchef des Kirchenstaates Salzburg und bedeutender Naturwissenschaftler. In seiner 80 000 Bände zählenden Bibliothek bereitete sich Alexander von Humboldt im Winter 1797/98 auf seine erste Forschungsreise nach Lateinamerika vor (Gedenktafeln am Bezirksgericht Thalgau und in Salzburg, Universitätsplatz 1).

Vor dem Schöpphaus in der Ischlerbahnstraße (Gedenktafel) verabschiedete sich Generalmajor Hellmuth Stieff am 12. Juli 1944 zur Teilnahme am misslungenen Attentat auf Hitler am 20. Juli von seiner Frau Ili. Stieff wurde hingerichtet, seine Frau erlitt in Breslau wochenlang qualvolle Verhöre in Haft, schaffte aber die Flucht nach Thalgau, wo sie 1980 starb. Dem Ehepaar Stieff ist im Friedhof eine Grabinschrift gewidmet.

Dem quadratischen romanischen Kirchturm (ca. 1320) von Faistenau setzte man im Barock eine in der Umgebung von Salzburg häufige achteckige Glockenstube mit doppeltem Zwiebelhelm auf.

Dieses „offene" Türschloss in der Kirche von Thalgau zeigt die ebenso einfache wie intelligente Funktion des Verschlusses.

An der Gartenmauer des Dechanthofs circa 500 Meter nordöstlich der Pfarrkirche fällt ein orthodoxes Gedenk- und Friedenskreuz mit der Inschrift „1914 In ewiger Erinnerung 1918" und dem Namen des in Kriegsgefangenschaft geratenen Russen Sawaty Maslejnikov auf. Der Mann starb 1917 in Thalgau während seines Einsatzes in der Landwirtschaft. An die 600 Gefangene aus dem Grödiger „Russenlager" wurden 1915 nach Thalgau „ausgelagert". Die Hälfte von ihnen leistete in der Landwirtschaft Zwangsarbeit und 300 bauten von 1915 bis 1917 die drei Kilometer lange „Russenstraße" von Thalgau nach Hof. Rund 1,2 Kilometer südlich der großen Straßenkreuzung in Unterdorf zweigt ostwärts ein Weg zur Gedenkstätte an diesen Straßenbau ab.

In Hof hinterließ der „Stille Nacht"-Dichter Josef Mohr eine seiner zahlreichen Spuren im Flachgau. Hier wirkte er 1827/28 als Vikar (Gedenktafel an der Pfarrkirche), zuvor in Anthering

(1822/24) und Eugendorf (1824/27), anschließend in Hintersee (1827/37). Eine besondere Rarität ist das Rauchhaus „Mühlgrub" nördlich von Hof. Es ist das letzte erhaltene Rauchhaus in Salzburg, ein Blockbau, der im Kern in das 15. Jahrhundert zurückreicht, seit 1965 Denkmalhof ist und bis 1983 bewohnt war. Der Begriff „Rauchhaus" bedeutet, dass die Bewohner über offenem Feuer kochten und der Rauch durch Ritzen im Dach abzog. Der abziehende Rauch konservierte aber das Gebälk und das erklärt das hohe Alter dieses Hofs.

Auf dem Kolomansberg steht die älteste Holzkirche Österreichs. Sie ist dem heiligen Koloman geweiht, dem Beschützer vor Seuchen und Unwettern.

Der Zufluss der Waschlmühle in Ebenau reicht für die Zuleitung des Wassers über zwei Gerinne auf zwei gegeneinander versetzte Mühlräder, die unabhängig voneinander arbeiten.

Beim „Baderluck" in Hof zweigt die Straße südwärts nach Faistenau ab, das Dorf auf einem sanften Hügel und um die „Tausendjährige Linde" mit 9,1 Metern Stammumfang gruppiert. Beachtung verdient der reich gegliederte Kirchturm aus dem 14. Jahrhundert. Die Fahrt von Faistenau durch die Strubklamm nach Ebenau entführt in Salzburgs Wirtschaftsgeschichte. 1920 ging Salzburgs erstes Speicherkraftwerk im Wiestal in Betrieb, 1924 folgte die vom Hintersee gespeiste Oberstufe Strubklamm. Beide Kraftwerke deckten bis 1945 den Strombedarf der Stadt Salzburg.

Ebenau war die Waffenschmiede der Fürsterzbischöfe. In dem von Wasserkraft betriebenen Hammerwerk stellten „Büchsenmacher" Schusswaffen her, von denen Prachtstücke aus dem

Die Leiter neben der Staumauer des Kraftwerks Wiestal macht die Höhe von 35 Metern augenfällig. Dieses Kraftwerk wurde von 1909 bis 1913 gebaut und deckte damals den Strombedarf der Stadt Salzburg.

17. Jahrhundert im Museum „Fürstenstöckl" stehen. Diese Metallindustrie wanderte allerdings mit Beginn des Eisenbahnzeitalters zu günstigeren Standorten ab. Andrerseits blieben eindrucksvolle Beispiele für die Nutzung der Wasserkraft erhalten: in Ebenau die Waschlmühle aus dem 16. Jahrhundert und im Naturdenkmal Plötz etwa einen Kilometer nordöstlich von Ebenau die fünf Mühlen, die das starke Gefälle in dieser Schlucht nutzen.

Hier schließt sich der Kreis: Einst wandelten Wasserräder die Wasserkraft in Energie zum Antrieb von Mehlmühlen, Schmiedehämmern oder Sägen um. Heute setzen Turbinen als Nachkommen der Wasserräder Wasserkraft in elektrische Energie um – wie in den Kraftwerken Strubklamm und Wiestal.

Elend und Leistungen von Kriegsgefangenen

Respekt gerade vor Toten anderer Nationalität dokumentiert Humanität über Grenzen hinweg. Beispiele dafür sind die gepflegten Friedhöfe für Kriegsgefangene.

In Grödig sieht man dem Hain am Goiser Hügel östlich der Berchtesgadener Straße auf den ersten Blick nicht den beklemmenden Rest des „Russenlagers" an: Friedhof für 1090 russische und serbische Kriegsgefangene sowie 2016 Zivilinternierte und Flüchtlinge, die hier in einem Lager für 40 000 Menschen den Ersten Weltkrieg nicht überlebt haben, darunter 348 Flüchtlingskinder. Sie erlagen dem Hunger oder Seuchen wie Typhus und Fleckfieber.

Von 1941 bis 1945 schmachteten im Gefangenen-„Stammlager" von St. Johann (damals „Markt Pongau") bis zu 30 000 sowjetische und jugoslawische Soldaten. 3 542 von ihnen starben an Unterernährung, Seuchen oder Kälte. Sie wurden unterhalb der Böschung der Bundesstraße in einem Massengrab verscharrt, das nach dem Krieg zu einer würdigen Gedenkstätte ausgestaltet wurde (Zufahrt gut beschildert). Französische Zwangsarbeiter aus diesem Lager fanden ihre letzte Ruhestätte auf dem Ortsfriedhof.

„Stammlager" bedeutete, dass Kriegsgefangene zur Zwangsarbeit in Landwirtschaft oder Industrie „vermietet" wurden. Die Entlohnung zu üblichen Tarifen strich die Wehrmacht ein. So kamen auch Russen in die alpine Großbaustelle des Kraftwerks

Lauter gleiche Kreuze auf dem Friedhof der Kriegsgefangenen in Grödig.

Kaprun. Sie lebten dort – im Gegensatz zu rund 4 000 Zwangsar-
beitern aus Polen, dem Balkan und Westeuropa – streng abgeson-
dert hinter Stacheldraht. 87 von ihnen überstanden die Strapazen
nicht und wurden auf dem kleinen „Russenfriedhof" nahe der
Burg Kaprun beigesetzt.

Unscheinbare Gedenktafeln berichten, was Kriegsgefangene
für uns geleistet haben. So die Erinnerung am rechten Brückenkopf der Staatsbrücke daran, dass „Hunderte" (hauptsächlich
sowjetische) Kriegsgefangene von 1941 bis 1945 „gegen ihren

Der Friedhof für Kriegsgefangene in St. Johann ist heute eine erschütternde Gedenkstätte.

Willen und unter größten Opfern" diese Brücke gebaut hätten. Sie verlängerten auch den Gnigler Verschubbahnhof von der Schwabenwirtsbrücke bis zur Haltestelle Parsch.

Ehe in Elsbethen die Goldensteinstraße in die Halleiner Landesstraße mündet, verläuft sie ostwärts entlang des schmalen Kehlbachs. Nur zu leicht könnte einem die unauffällige Steintafel mit kyrillischen Lettern an der Böschung gegenüber entgehen. Da steht, dass russische Kriegsgefangene 1915/16 das Bachbett eingedämmt haben. Diese Tafel fertigten die Gefangenen selbst.

Salzstraße, Marmor und ein „runder Tisch"

Einst mieden die Menschen die unheimliche Moorlandschaft zwischen Salzburg und dem Untersberg. Erst zwischen 1803 und 1805 stellte der Bau der knapp sechs Kilometer langen Moosstraße eine direkte Verbindung zwischen der Stadt und Glanegg her. Sie ersparte den weiten Umweg von den Marmorbrüchen in Fürstenbrunn über Grödig und Hellbrunn in die Stadt. Das erklärt die 1636 errichtete und rund 600 Meter lange „Talsperre" auf trockenem Boden zwischen Glanegger Schlossberg und Untersberg zum Schutz der „Salzstraße" von Grödig nach Bayern. Gut ein Jahrhundert später verlor diese Wehranlage ihre Bedeutung. Sie wurde 1805 nach dem Bau der Moosstraße schließlich zum Abbau freigegeben. Reste der Talsperre blieben am Ende eines Feldweges im Wald etwa 300 Meter südlich des Schlosses Glanegg erhalten: ein Wachhaus für Soldaten und eine Mauer. Das lohnt einen Abstecher auf dem Weg nach Fürstenbrunn.

In Fürstenbrunn brachen bereits die Römer Marmor, und Salzburg verdankt seine Pracht auch diesem Marmorbruch. Das Freigelände rings um das sehenswerte Untersberg-Museum erzählt die wechselvolle Geschichte des Marmorbruchs.

Sie beginnt mit der Kugelmühle am Weg zum Museum. Diese schleift zuvor schon in einigermaßen entsprechender Form behauene Steine zu Kugeln. Der Salzburg-Topograf Franz Michael Vierthaler schrieb 1799, dass in Fürstenbrunn „mehrere 100 000" Kugeln vor allem für die Segelschiffe als Ballast auf hoher See

Ein runder Tisch als Treffpunkt für Freunde.

Reste der „Talsperre" in Glanegg zum Schutz der „Salzstraße" nach Bayern.

erzeugt würden. Dieses Geschäft endete, als Dampfer Kohle als Ballast zu nutzen begannen. Mit solchen Kugeln schoss man auch Löcher in die Segel anderer Schiffe, um sie manövrierunfähig zu machen.

Die lateinischen Inschriften an den drei Säulen vor dem Museum berichten Bemerkenswertes in Form von Chronogrammen – große Buchstaben sind römische Ziffern, die zusammengezählt das Jahr ergeben. Jahreszahlen in arabischen Ziffern stimmen damit nicht immer überein, weil sie das Jahr angeben, in dem die Inschrift gemeißelt wurde.

Da lesen wir, dass Österreichs Kaiser Franz I. 1807 „hier war". Auf einer ovalen Tafel steht, dass „1808 aufrichtige Ehrfurcht (diese Säule) weiht". Offen bleibt, wessen Ehrfurcht vor wem. Vermutlich die der Arbeiter vor Franz I. Eine Tafel vermerkt, dass „Bayerns erster König Ludwig am 26. August 1826" den Marmorbruch besuchte. Der war nämlich von 1813 bis 1870 im Privatbesitz der bayerischen Könige, die ihn an Friedrich von Löwenstern verkauften. Ihm widmeten die dankbaren Arbeiter 1882 einen Obelisken.

Der „runde Tisch" neben dem Museum dokumentiert, wie sich Begriffe beinahe in ihr Gegenteil verkehren können. Am

Gedenksäulen vor dem Marmor-Museum in Fürstenbrunn.

starken Tischbein steht ohne
Nennung von Namen und An-
lass „hier vertrauen Freunde
(einander)" und das Chrono-
gramm ergibt das Jahr 1808.
Zwei Jahrhunderte später pflegen sich um die viel zitierten
„runden Tische" Leute zu tref-
fen, die einander nicht vertrauen, aber einen Konflikt bei-
legen wollen.

Eine religiöse Rarität aus weißem Untersberger Marmor ist der Brunnen
vor der Wallfahrtskirche Großgmain mit der „doppelten Madonna" aus
1693. Die Muttergottes spendet Wasser als Symbol göttlicher Gnade.

Die „Zeiselfänger" blamieren die „Stierwascher"

Bereits die Fahrt nach Hallein ist gesäumt von Aha-Erlebnissen. An der Friedhofsmauer von Puch ist ein 1 800 Jahre alter römischer Meilenstein. In der Vorhalle der Kirche steht Salzburgs letzter Palmesel, weil er vor gut 200 Jahren nicht der Aufklärung zum Opfer gefallen ist. Für die Prozession am Palmsonntag zur Erinnerung an Jesu Einzug in Jerusalem wird die Figur mit erlesenem Stoff bekleidet. Raritäten in der Kirche sind die beiden barocken Seitenaltäre (1712–1714) mit gotischen Heiligenfiguren aus dem 15. Jahrhundert, darunter ein ungewöhnliches Relief der 14 Nothelfer.

In Puch und Oberalm beginnt, was sich bis Golling hinzieht und die frühen Reiseschriftsteller im 19. Jahrhundert in Erstaunen versetzt hat: marmorne Tür- und Fensterstöcke selbst an sehr einfachen Häusern. Im Großraum um Adnet war nämlich (besonders nicht „astreiner") Marmor erheblich billiger als anderer Stein.

In Oberalm fällt die Statue des heiligen Kirchenlehrers Augustinus vor dem Pfarrhof auf, die so dorthin geriet wie der Pontius in das Credo. Der Heilige stand nämlich seit 1705 auf dem Nordturm der Kollegienkirche. 1905 schleuderte ihn ein Blitz auf den Universitätsplatz, doch der zertrümmerte Heilige wurde im Marmorwerk Kiefer wieder zusammengesetzt – als Vorlage für eine Kopie, die 1928 endlich fertig war. So kam Oberalm zu einem Original des bedeutenden Barockbildhauers Bernhard Michael Mandl.

Hochwassermarken bis unter das Dach in der
Halleiner Augustinergasse.

Am Haus Halleiner Landesstraße 2 steht seit 1650 in Marmor gemeißelt, was dreieinhalb Jahrhunderte später in die Salzburger Architekturdebatte passt: „Wer will pauen an der Strassen, der mueß die Leit reden lasen – Ainen gefelts den Anderen nit."

Mit dem größten Salzbergbau der Alpen und einem der bedeutendsten Zentren der keltischen Kultur steht Hallein längst im Buch der europäischen Geschichte. Daneben sollte Bemerkenswertes aber kein Schattendasein führen. Deshalb lohnt ein Rundgang ab der Pernerinsel durch die kleine Stadt mit den großen Plätzen. Die Colloredobrücke weist gleich den Weg zum klassizistischen Sudhaus, dessen Bestimmung die (lateinische) Inschrift festlegt: „Der Heimat zum Wohl, den Bürgern zum Nutzen, den Arbeitern zum Lebensunterhalt – Hieronymus 1798." Auf der anderen Seite hinterließ Salzburgs letzter Fürsterzbischof

Durch den „Spion" konnten die Bewohner beobachten, wer im Dechanthof Einlass begehrte.

Colloredo sein Wappen – eines von nur zwölf im ganzen Land und davon keines in der Landeshauptstadt. Man pflegt Colloredo als Knicker abzutun, weil er die Künste nicht wie seine Vorgänger großzügig bedachte. Er übernahm aber riesige Schulden von ihnen, weshalb er keine Prunkbauten aufführte.

Das Sudhaus ist ein „Industriebau" am richtigen Ort – dem Schifferplatz und dem Hallfahrtufer. Hier legten in der hohen Zeit des Salzbergbaus im 16. und 17. Jahrhundert jährlich bis zu 3 300 Boote mit ihrer „Hallfahrt" (Ladung Salz) ab.

Den Pfannhauserplatz an der Pfannhauserbrücke beherrscht das Keltenmuseum. Abseits des Portals sprudelt ein Brunnen aus 1770. Dass er nicht zu breit geriete, wurde das Becken etwas vorgebaut. Und den Marmorboden unter dem Brunnen säumt eine Rinne, damit Wasser nicht allseits auf die einst eher lehmige Straße abfließe.

Der Kornsteinplatz hat seinen Namen von einer überdimensionalen Marmorschale neben dem Brunnen. Hier überprüfte einst die scharfsichtige Obrigkeit, ob das Gewicht des im Handel angebotenen Korns auch stimmte.

Der Zeiserlbrunnen auf dem Bayrhamerplatz geht auf Neckereien zwischen Salzburg und Hallein zurück. Angeblich entwischte der Frau des Halleiner Bürgermeisters der Zeisig durch das Fenster, worauf der Bürgermeister die Stadttore schließen ließ und so den Halleinern den Titel „Zeiselfänger" einbrockte. Die zahlten das den Salzburgern aber teuer zurück: Sie banden einen schwarz gescheckten Stier auf ein Floß, das auf der Salzach nach Salzburg schwamm, wo man den Stier barg und zu waschen begann, weil man die Farbe für Schmutz hielt. Vergeblich, also heißen die Salzburger seither „Stierwascher".

Etwas versteckt hinter dem Eck des Hauses Unterer Markt 8 erinnert eine Tafel an Gotthard Guggenmoos (1775–1838), den Begründer der Heilpädagogik. 1812 begann er in Hallein,

„harthörige und schwerzüngige Kretinen" so erfolgreich zu unterrichten, dass er nach Salzburg berufen und von Politikern gefördert wurde. Doch das öffentliche Interesse erlahmte bald. Guggenmoos übersiedelte wieder nach Hallein, wo sein bahnbrechendes Projekt aus Geldmangel endgültig scheiterte.

Eine Fundgrube für historische Details ist der „Kirchenbezirk", in den die Pfarrgasse führt. An ihrem Beginn steht der vom Zahn der Zeit stark angenagte „Kirchenpranger". Auf einer Bank daneben mussten sonntags Leute wegen „öffentlicher Sündhaftigkeit" Spott und Hohn über sich ergehen lassen. Das betraf vor allem ledige Mütter, die sich auf „strohbedeckter Mägdebank" mit Männern eingelassen hatten und dieser „Schande" wegen auf der Bank neben dem Pranger sitzen mussten. Aus dieser Doppelbedeutung für Bank stammt das Stigma „Bankert" für unehelichen Nachwuchs.

Auf dem Gruber-Platz ist gegenüber der Pfarrkirche das zum Museum ausgestaltete Wohn- und Sterbehaus des „Stille Nacht"-Komponisten Franz Xaver Gruber (1787–1863), der von 1833 bis 1863 als Chorregent in Hallein gewirkt hat. Unter den Gedenktafeln sticht eine unauffällige hervor. Da steht nämlich (auf Englisch): „Franz Gruber – zu Ehren eines Lehrers wegen seiner universalen Botschaft von Frieden und gutem Willen. Gewidmet von den Lehrern von Los Angeles, Kalifornien, USA 1934." Grubers Grab vor diesem Haus verweist darauf, dass bis 1881 rings um die Kirche ein Friedhof bestand, von dem noch zahlreiche Grabplatten zeugen.

Oberhalb des Gruber-Platzes dokumentiert die lateinische Inschrift am Haus Ferchlstraße 12 eine soziale Großtat des Arztes Franz Ferchl (1777–1858): „Dieses öffentliche Spital für Knechte und Mägde sowie die ganze Bürgerschaft hat Dr. Franz Ferchl, Salinenarzt und Bürger, der Hallein zur Ehre gereicht, 1832 gegründet." Ferchl behandelte die Patienten in diesem Spital kostenlos.

Gegenüber dem Südwesteck der Kirche ist das Grab von „Mutter Theresia Hyazintha Zechnerin, Gründerin der Schulschwestern von Hallein-Salzburg 1723. Geb. 23. 6. 1697, gest. 19. 1. 1763."

Diese Franziskanerin betreute im Haus hinter dem Grab Kinder von Salinenarbeitern mit dem Ziel, ihnen eine Ausbildung zu ermöglichen. 1744 entstand daraus eine Privatschule und alsbald wurden die Schulschwestern eingeladen, unter anderem in Salzburg, Wien und Amstetten Schulen einzurichten. Aus Zechners Schule in Hallein entwickelte sich die angesehene Modeschule.

Eine Rarität ist neben dem Portal des Pfarrhofs zu sehen: ein „Spion", durch den man überprüfen kann, wer an der Tür geklopft oder sich auf der marmornen Bank niedergelassen hat. Nicht mehr geläufig sind uns heute die gotischen Ziffern über dem Portal. I ist eins geblieben, die unten offene Acht bedeutet vier und die „Hütchen" sind sieben – ergibt das Baujahr 1477.

Unterhalb der Pfarrkirche verläuft die Augustinergasse entlang des Kothbachs. Was dieses anscheinend harmlose Bächlein anrichten kann, verraten die Hochwassermarken am Haus Nr. 7 – bis zu 4,14 Meter über Normalwasser oder rund 46-fache Wasserfracht. Wenige Meter bachabwärts blieb noch ein Wehr aus dem 18. Jahrhundert erhalten, das sehr schnell Wasser für die Feuerwehr aufstauen konnte.

Missionar Severin, Säumer und ein „Ofen"

Die Runde durch das Tennengauer Kernland beginnt in Hallein südwärts auf der Salzachtalstraße und erreicht bereits bei Kilometer 2,4 den Gedenkstein der Hochwasserkatastrophe von 1508. Da steht in der Schriftsprache jener Zeit, dass das Wasser „von einem Berg zum anderen" bis zu 6,9 Meter hoch stand, alle Brücken wegriss, das Holzlager der Salinen zerstörte, den Salztransport auf der Salzach unterband und „dem Erzstift unbeschreiblichen Schaden" zufügte. 400 Meter weiter zweigt ostwärts die Straße nach St. Margarethen ab. Die 1679 im Zug der Gegenreformation außen an die Kirche gebaute Kanzel dokumentiert, dass die heilige Margaretha als Patronin der Bauern, Jungfrauen und Schwangeren viele Pilger anzog. Über dem Portal stellt ein Relief die Heilige vor: Als sie der Teufel in der üblichen Form eines Drachen zu verschlingen drohte, erschlug die ihn mit einem Kreuz. Sie wurde wegen ihres Glaubens enthauptet und zählt zu den 14 Nothelfern.

Nun südwärts weiter, durch Bad Vigaun und auf der Straße Richtung St. Koloman zur „Römerbrücke" über die Schlucht der Taugl. Die „von Holzwerch gemachte und erfaullte" alte Brücke wurde 1613 durch eine „von Nagelstuckh gewölbte pruggen" ersetzt. Sie ist ein Musterbeispiel für den Bau von Gewölben: Auf einer hölzernen Tragkonstruktion wird Stein an Stein bis zum „Schlussstein" gefügt, weshalb sich das Gewölbe selbst trägt.

Hinter diesem Schindeldach mit dem Glockentürmchen
steht die Bischofsmütze, das Wahrzeichen des Lammertals.

Darstellung des heiligen Rupertus, des Patrons der Bergknappen, in der Kirche auf dem Dürrnberg.

Die Kirche auf dem Georgenberg – einer Felsinsel im Talboden – hat als viel besuchter Wallfahrtsort ebenfalls eine Außenkanzel. Nach der Legende missionierte der heilige Severin im 5. Jahrhundert die zerfallende römische Provinz Noricum, organisierte den Selbstschutz der Bevölkerung gegen Banden und gründete in Kuchl (auf dem Georgenberg?) eine christliche Gemeinde. Kuchl ist seit dem 14. Jahrhundert Markt, der nicht als Durchzugssiedlung, sondern als Straßenplatz (Marktstraße) planmäßig im rechten Winkel zur Durchzugsstraße angelegt wurde und so seinen besonderen Charakter erhielt. Das Marktkreuz wurde bereits 1547 nach einem Brand errichtet und im 18. Jahrhundert barock ausgestaltet.

In Kuchl überqueren wir die Salzach und steuern die Wallfahrtskirche St. Nikolaus auf einer Felsinsel in Torren an. An der Kanzel in der Kirche fällt der Arm eines Predigers auf, der ein Kreuz in der Hand hält. Dieses beliebte Symbol aus dem 18. Jahrhundert war als Warnung vor dem langsam wieder einsickernden Protestantismus gedacht.

Knapp vor dem 75 Meter hohen Gollinger Wasserfall entbietet ein Obelisk „heißen Dank dem Entdecker dieser erhabenen Naturszene, dem edlen Fürsten Ernest von Schwarzenberg, der sie 1805 durch Aufwand von Mühe und Kosten für Jedermann empfänglich machte". Als Domherr in Salzburg erwarb Schwarzenberg (1773–1821) Schloss Aigen und legte dort den Aigner Park an, der die Romantiker mehr begeisterte als die Stadt Salzburg. Mit Kardinal Friedrich von Schwarzenberg (1809–1885), dem bedeutenden Reformbischof von Salzburg, war Ernst weitschichtig verwandt.

Golling wurde ebenso planmäßig wie Kuchl mit geschlossenen Häuserzeilen angelegt, aber entlang der Durchzugsstraße. Das Schloss diente weniger als Wehranlage für den Markt, sondern von 1438 bis 1923 als Gericht. Das Museum im Schloss verfügt über eine ungewöhnliche Sammlung von bis zu 250 Millionen Jahre alten Fossilien aus den Tennengauer Kalkbergen und von Silikonkopien der Felsritzzeichnungen aus der Umgebung. Deren Standorte sind geheim, damit sie nicht beschädigt werden.

Die heilige Margaretha ist Schutzpatronin der Bauern, Jungfrauen und Schwangeren. Deshalb zog die Kirche in St. Margarethen so viele Pilger an, dass längst nicht alle im kleinen Gotteshaus Platz fanden. Das erklärt die geräumige Vorhalle und die Kanzel an der Außenwand.

Eine Lammertaler Rarität sind die eigenwillig gestalteten Balkone, die vor einigen Jahren unter anderem der „Neuen Zürcher Zeitung" eine ausführliche Reportage wert waren.

Eine Rarität der Extraklasse ist die gotische Kirche in Scheffau: rechts vorne im Glasfenster aus dem 16. Jahrhundert die in den Ostalpen einzige zeitgenössische Darstellung eines Säumers mit seinem Saumpferd aus der hohen Zeit des transalpinen Handels zwischen Salzburg und Venedig. Die zweite Rarität steht allerdings seit 1835 in der Stiftskirche Nonnberg: ein gotischer Flügelaltar, der gegen einen Barockaltar eingetauscht wurde.

Die „Öfen" der Lammer heißen jetzt wie auch jene der Salzach „Klamm", damit es jeder versteht. Der mittelhochdeutsche „oven" bezeichnet eine „Höhle" und die Feuermulde auf den bis Anfang des 19. Jahrhunderts üblichen offenen Herden. Wer es eilig hat, gewinnt von der Lammer-Brücke jenseits des Parkplatzes einen guten Einblick in diese Klamm.

In Voglau zweigt die Straße westwärts durch ein stilles Hochtal ab, das treffend „Weitenau" heißt und über die Wegscheid nach St. Koloman führt. Hier entdeckt man offenen Auges Raritäten. Am Gemeindezentrum ehrt eine Gedenktafel den Mundartdichter und Komponisten August Rettenbacher. Er hat im Heimatmuseum ein Mundartarchiv angelegt und die Texte der 14 Stationen des drei Kilometer langen „Mundart-Kreuzwegs" geschrieben.

In der Kirche von Scheffau stellt ein Fenster aus dem 16. Jahrhundert einen Säumer und sein schwer bepacktes Pferd dar.

Gut ein Kilometer nördlich von St. Koloman steht neben der Straße nach Hallein der mit Fresken reich geschmückte Moderer-Hof. Ein Fresko stellt den Knaben Jesus beim Spielen in der Werkstatt des heiligen Josefs dar.

Gut zwei Kilometer nördlich des Ortszentrums wurde 1974 beim Neubau der Straße ein 1500 Quadratmeter großer Gletscherschliff freigelegt, den der Salzachgletscher gehobelt hat. Dieser Schliff liegt etwa 350 Meter über dem Salzachtal und vermittelt eine Vorstellung, wie riesig dieser Gletscher war. In nächster Nähe dieses Naturdenkmals steht das Kulturdenkmal des 400 Jahre alten Moderer-Hofs. Aus dem reichen Freskenschmuck der Fassade sticht eine Szene heraus: Das Jesuskind spielt in der Werkstatt des heiligen Josefs, den es sichtlich verblüfft, dass der kleine Jesus auf dem Boden aus zwei Brettern ein Kreuz formt.

Eine Tennengauer Rarität sind Katzenfirste wie dieser in der Dürrnberger Weißenwäschergasse neben der Liftstation.

Der Altar in „Maria Brunneck" auf dem Pass Lueg ist das Ziel der Wallfahrer. Neben der Wallfahrtskirche plätschert eher unauffällig das Wasser des Brunnens in einen flach ausgehöhlten Stein, in dem Maria der Sage nach auf der Flucht nach Ägypten das Jesuskind gebadet hat.

Kriegs- und Verkehrsgeschichte am Pass Lueg

Als strategische Schlüsselstelle wurde der Pass Lueg schon 1269 befestigt. Hier entspann sich 1809 während der Napoleonischen Kriege ein schweres Gefecht, das an die 500 Salzburger Schützen dank einer taktischen Meisterleistung des Stegenwaldwirtes Josef Struber gegen rund 6 000 Franzosen und Bayern gewannen. Da sich diese auf dem Pass Lueg verschanzten, führte Struber seine berggewohnten Schützen von Stegenwald 1 300 Höhenmeter durch die Ofenrinne auf das Hochplateau im Tennengebirge. Von dort stießen die Salzburger nachts und im Sichtschutz des Waldes in zwei Keilen auf den Pass und auf Scheffau zu. Gleichzeitig war eine kleine Einheit von Sulzau über das Hagengebirge auf den Ofenauer Berg gestiegen. Im Morgengrauen überrumpelten diese Einheiten den Gegner durch Flankenangriffe und zwangen ihn zum Rückzug. Einen Monat später mussten die Salzburger gemäß dem Frieden von Schönbrunn den Pass Lueg räumen. Daraufhin wurden die Befestigungsanlagen

Ein Denkmal auf dem Pass Lueg ehrt den Schützenhauptmann Josef Struber, der 1809 in einer taktischen Meisterleistung mit 500 Mann 6 000 Franzosen und Bayern von dieser strategischen Schlüsselstelle vertrieben hat.

Die nicht mehr begehbare „Kroatenhöhle" ist Teil der Wehranlagen im Pass Lueg. Sie ist von der Straße aus nur zu sehen, wenn die Bäume entlaubt sind.

gesprengt, aber 1834 wiedererrichtet, weil hier eine kleine Besatzung ein ganzes Heer aufhalten kann. Zum Glück kam es aber nie zum Test dieses strategischen Konzepts. Zur Gesamtanlage gehört auch die stark befestigte, aber nur bei entlaubten Wäldern sichtbare und wegen Erdrutsches nicht mehr begehbare „Kroatenhöhle" auf der anderen Talseite, benannt nach einer kroatischen Einheit, die hier 1742 kampiert hatte.

Die ersten 2,5 Straßenkilometer jenseits des Passes führen durch Jahrhunderte der Verkehrsgeschichte. Die Römer bauten durch diese lange Schlucht vor 1 900 Jahren die erste befahrbare Straße, auf deren „Unterbau" im Mittelalter die nach dem Brenner wichtigste Handelsstraße durch die Ostalpen entstand. Ab 1874 rollten Züge auf der „Tiroler Bahn" (Pinzgau–Wörgl) durch den Ofenauer Berg, über eine Gitterbrücke und weiter parallel zur Straße südwärts. 1930 war die gesamte „Tiroler Bahn" elektrifiziert. Und seit 1974 überquert die Tauernautobahn zwischen zwei langen Tunnels die Salzach, die Bundesstraße und die Bahnlinie.

In diesem Bereich fallen sechs 1 152 Meter lange Seile nicht auf, die in Höhen zwischen 400 und 280 Metern diese Schlucht überspannen, weil man die rot und weiß gestrichenen Masten erst jenseits der Schlucht sieht. Diese 110-Kilovolt-Leitung baute die Bundesbahn von 1937 bis 1939, weil der Bahnverkehr ständig zunahm und daher mehr Strom verbrauchte. Jedes Seil dieser Leitung wiegt 1,9 Tonnen und hielte elf Tonnen „Zuwage" durch Vereisen aus. Der Blick von Stegenwald nordwärts lässt die Meisterleistung beim Bau dieser Leitung erahnen: erst 830 Meter weit über 440 Höhenmeter zu den Masten auf einem winzigen Vorsprung des Tennengebirges. Das Baumaterial schaffte eine kleine Materialseilbahn auf den Berg. Dann folgen 1 152 Meter Seillänge bis zu den Masten auf dem Ofenauer Berg und von dort reicht die Leitung hinunter in das Salzachtal.

Im Vergleich dazu wirkt die 110-Kilovolt-Leitung parallel zur Bundesstraße durch die Schlucht beinahe bescheiden. Sie schloss erst 1949 die Lücke im Salzburger Stromnetz zwischen Innergebirg und Salzburg. Um den wachsenden Energiebedarf der Bevölkerung zu decken, bedurfte es einer leistungsstärkeren 220-Kilovolt-Leitung. Sie wurde von Kaprun durch das Urslautal und über das Tennengebirge in das Salzachtal gebaut und im Jahr 1960 in Betrieb genommen.

Religiöse Zeichen am Wegesrand

Kapellen, Wegekreuze und Marterln (Bildstöcke) gehören zum Charakter unserer Landschaft und unserer Kultur. Sie laden dazu ein, kurz innezuhalten und den Sinn religiöser Darstellungen zu bedenken – Bitte um Schutz für Menschen, Tiere und Feldfrüchte, Dank für Hilfe aus schwierigen Lebenslagen, Erinnerung an Opfer von Unfällen oder Verbrechen, Gedenkstätte für Verstorbene und auch Ansporn, gute Vorsätze in Taten umzusetzen. Deshalb muss man heute auch vor diesen Flurdenkmälern nicht mehr – wie einst üblich – den Hut ziehen. In dicht verbauten Straßenzügen ersetzen Kreuze und Heiligenbilder an Fassaden die Wegekreuze und Marterln.

Kapellen boten den Menschen besonders in entlegenen Weilern und Höfen die Möglichkeit zu (gemeinsamem) Gebet – nach dem Tagwerk, auf dem Weg zur und von der Arbeit oder zu Andachten an Tagen gemäß dem Heiligenkalender. Wegekreuze erinnern Gläubige daran, dass sie im Getriebe des Alltags nicht die Orientierung verlieren sollten. An Marterln verehren Menschen Heilige. „Pestsäulen" zu Ehren des „Pestheiligen" Rochus erinnern an verheerende Seuchenzüge im 16. Jahrhundert. Kapellen säumen auch Pilgerwege und Anstiege auf Kalvarienberge – als Einstimmung und Konzentration auf den religiösen Zweck.

Zum Landschaftscharakter zählen auch die vielen Gipfelkreuze. Sie drücken den Dank für ein geglücktes Naturerlebnis aus. Gelegentlich stehen vor diesen Kreuzen roh gezimmerte Tische, um die sich Gläubige zur Feier einer Bergmesse versammeln.

Eine Kapelle für die Bergbauern in Hintergföhl bei Unken.

Eine von vielen Feldkapellen im Flachgau steht neben dem
Weg von Schaming (rote Dächer im Hintergrund) bei Eugendorf
nach Seekirchen.

Gehöft in der Einschicht: Wohnhaus, Stall mit Tenne,
kleine Nebengebäude und an der Hofzufahrt eine Kapelle.

Eines von vielen im 17. Jahrhundert gesetzten Marterln
zur Erinnerung an die Opfer der Pest.

Kulturland „mittlere Salzach"

Vom Pass Lueg zieht sich die Salzachschlucht fünf Kilometer weit südwärts bis zur ersten landwirtschaftlichen Nutzfläche beim Gasthof Stegenwald, 1515 als Stützpunkt halbwegs auf der 16 Kilometer langen Strecke von Golling nach Werfen errichtet. Hier kam 1773 der Freiheitskämpfer Josef Struber zur Welt.

Vor der nächsten Talsperre, dem Felskegel mit der Burg Hohenwerfen, entstand ab 1770 das Hüttenwerk Tenneck-Sulzau, das Brauneisenerz aus der Umgebung zu Roheisen verarbeitete und bis zu 9 000 Tonnen Jahresproduktion erreichte. Nach dem Erlöschen des Bergsegens wurde der Hochofen 1960 ausgeblasen und das Unternehmen so erfolgreich auf Eisenguss umgestellt, dass es weltweit zu den Marktführern zählt.

Der Markt Werfen wurde ab Ende des 12. Jahrhunderts als Verwaltungszentrum des Pongaus auf einer hochwassersicheren Terrasse planmäßig angelegt. Das erklärt die geschlossene Front der im Kern bis zu 500 Jahre alten Häuser an der Hauptstraße. Zwei Gebäude stechen hervor: der Brennhof (Rathaus) mit prächtigem Laubengang im Innenhof, 1565 von Erzbischof Khuen Belasi errichtet (Wappen mit Inschrift), und gegenüber das 1560 von Erzbischof Michael von Kuenburg erbaute Bezirksgericht (Wappen mit Inschrift).

Ein Kulturdenkmal der Sonderklasse sind die „sieben Mühlen" in Pfarrwerfen, die am steilen Hang entlang des Mühlbachls ein Freilichtmuseum „vom Korn zum Brot" bilden. Erstmals klapperte 1773 die älteste dieser „Gemachmühlen", die zum

Beispielhafte Nutzung der Wasserkraft an steilem Hang in Pfarrwerfen.

Sportgerät Ski, Modell 1930. In diese Zeit entführt das Skimuseum in Werfenweng.

Unterschied von den „Mautmühlen" Bauern für den Eigenbedarf gehörten und nicht „Maut" (Gebühr) an den Grundherrn kosteten.

Dass Bischofshofen 711 als vorgeschobener Stützpunkt zur bajuwarischen Besiedlung und Christianisierung des Gebirgslandes gegründet wurde, dokumentieren drei mittelalterliche Kirchen auf engstem Raum. Die Pfarrkirche zum heiligen Maximilian reicht im Kern in das 11. Jahrhundert zurück. Sie hat als einzige Kirche Salzburgs einen Vierungsturm, den Vorläufer der Kuppel an der „Kreuzung" des Langhauses mit dem Querschiff. Ebenso einzigartig ist das 1453 dem Bischof Silvester Pflieger von Chiemsee mit einem lebensgroßen Relief errichtete Hochgrab. Die Kirche und das aufgelassene Kloster (Kastenhof) gehörten nämlich von 1216 bis 1803 zum kleinen Bistum Chiemsee, dessen Bischof als Salzburgs Weihbischof im „Chiemseehof" residierte. Die gotische Frauenkirche gleich nebenan wurde 1457 auf den Grundmauern eines romanischen Baus aus dem 11. Jahrhundert errichtet. Und auf einer Geländestufe steht die kleine Georgikirche, ebenfalls aus dem Hochmittelalter.

Einen Abstecher verdient die 1370 hoch über den Tälern auf dem Buchberg erbaute Kirche zu Ehren der heiligen Primus und Felician. Nach der Sage lebten beide als Einsiedler im einsamen Gasteiner Tal. Eines Tages fanden sie einen verwundeten Hirsch, wuschen seine Wunde mit warmem Quellwasser und das Tier genas sehr schnell. Deshalb gelten beide als Entdecker der Gas-

Dieses Fresko aus dem 15. Jahrhundert
an der Kirche auf dem Buchberg ist eine
Rarität: die stillende Madonna.

teiner Heilquellen. Raritäten: die gotischen Spiralbeschläge am Portal und
die „stillende Madonna" auf dem Fres-
kenfries aus dem 14. Jahrhundert.

Das moderne Bischofshofen entwickelte sich aus einem „Eisenbahnerdorf", weil hier die 1875 gebaute Ennstalbahn nach Graz von der im gleichen
Jahr fertiggestellten „Tirolerbahn" nach
Innsbruck abzweigt. Das verursachte
lange Jahre einigen Ruß, denn die Tirolerbahn war erst 1930 voll elektrifiziert,

Halbwegs zwischen Pfarrwerfen und Kreuzbergmaut steht neben der
Straße das alte Gehöft Disadl mit Backofen und Kapelle.

Drei Kirchen aus dem 13. bis zum 15. Jahrhundert dokumentieren die Rolle Bischofshofens als Keimzelle des Christentums im Innergebirg.

die eingleisige Ennstalbahn musste noch bis 1971 warten.

Auf einem breiten Sonnenbalkon liegt St. Johann, überragt vom „Pongauer Dom" mit 62 Meter hohen Türmen. Nachdem eine Feuersbrunst 1855 den ganzen Ort eingeäschert hatte, wurde diese Kirche mit nur einem Turm errichtet. 1871 stürzte er ein und wurde durch zwei Türme ersetzt.

In St. Johann zweigt ostwärts das Tal nach Wagrain ab, wo Josef Mohr und Karl Heinrich Waggerl ihre letzten Ruhestätten fanden. Nach Süden setzt das mit 32 Kilometern längste Tauerntal nach Großarl und Hüttschlag an. 1566 wurde aus dem Felsen über der Liechtensteinklamm eine Straße geschlagen und die „Alte Wacht" wie ein Schwalbennest an die Wand gebaut, damit nicht jene Lebensmittel aus dem Tal „kontrabandiert" werden, deren der zunehmend blühende Kupferbergbau bedurfte. Ein bemerkenswertes Relikt aus dieser Zeit ist das „Kößlerhäusl" (Museum) auf halbem Weg zwischen Großarl und Hüttschlag – nämlich eine „Sölde". So hießen die kleinen Holzhäuser der Bergarbeiter.

Von St. Johann überblickt man die „mittlere Salzach", in der auf 20 Kilometer Distanz zwischen Schwarzach und Werfen sieben Kraftwerke stehen. Man erkennt sie nicht mehr an den geduckten Krafthäusern, sondern an den Stauseen, an deren bewachsenen Ufern Radwege durch ein beliebtes Erholungsgebiet verlaufen. Die Landschaft schaut also nicht nach Beton und

„Kraftwerk" aus. Die Jahresleistung dieser Kraftwerke beträgt rund 500 Millionen Kilowattstunden aus erneuerbarer Energie, was den Bedarf von 125000 Haushalten deckt.

Von St. Johann sind es nur sieben Kilometer auf die Pongauer Sonnenterrasse zwischen St. Veit und Goldegg. Hier siedelten vor knapp zwei Jahrtausenden romanisierte Kelten (Relief am Kirchturm von St. Veit und Inschrift an der Kirche in Weng). Der von geschlossenen Häuserfronten gesäumte Marktplatz von St. Veit steigt zur Kirche an, die mit jener von Dienten eine Salzburger Rarität gemein hat: Das gotische Kirchenschiff ist durch Säulen zweigeteilt.

150 Höhenmeter tiefer findet Schwarzach im engen Salzachtal gerade Platz. Wegen des Baus der Tauernbahn (1901–1909) und

Gotische Beschläge an der Kirchentüre auf dem Buchberg.

Die architektonische Besonderheit der Pfarrkirche von St. Veit ist das geteilte Mittelschiff.

des damit wachsenden Verkehrsaufkommens galt Schwarzach (wie Bischofshofen) lange Zeit als „Eisenbahnerdorf" (Eisenbahnmuseum). Das lenkt von historischen Markierungen ab: 1731 versammelten sich 150 Protestanten in Schwarzach um den „Salzleckertisch" (heute im Gemeindeamt) und gelobten im Sinn der Gewissensfreiheit, „Gott mehr zu gehorchen als den Menschen". Sie tauchten einen Finger der rechten Hand in ein Salzfass, schworen mit dieser Hand, ihrer Religion und dem „Salzbund" treu zu bleiben, und führten den salzigen Finger an den Mund. Das löste 1731/32 die Vertreibung von 20 000 Protestanten aus Salzburg aus. Die Kirche reagierte 1741 mit dem Bau eines Missionshauses, um eine weitere Ausbreitung des Protestantismus zu verhindern.

1844 erwarb Salzburgs Fürsterzbischof Schwarzenberg dieses Gebäude und richtete dort (auf seine Kosten) das erste Spital Innergebirgs ein. Im Folgejahr kaufte

Zierschrote in Form einer Kirche und eines Beils auf dem Marktplatz von St. Veit.

Unmissverständlich: Hier ist der Postwirt.

er noch das alte Schloss Schernberg und überantwortete es (wie auch das Spital) den Barmherzigen Schwestern mit der Aufgabe, Kranke, Bedürftige und Behinderte um Gotteslohn zu pflegen.

Seit 1999 entlastet der 2,9 Kilometer lange Schönbergtunnel Schwarzach. 500 Meter jenseits des Westportals endet an der Brücke über den Seebach das Pongauer „Salzachbecken". Ab hier ist das Tal so eng, dass neben Straße und Fluss nicht einmal die beiden Gleise nebeneinander Platz haben. Der südliche Schienenstrang musste auf höheres Gelände ausweichen.

Die mittelalterliche Stadt im Gebirge

Zum Schutz der Landesgrenze im Osten und des Handelsweges über den Tauern gründeten Salzburgs Erzbischöfe Ende des 13. Jahrhunderts das stark befestigte Radstadt. Der Name stammt vom um 200 Jahre älteren Radestat, das dann Altenradstadt und schließlich Altenmarkt hieß.

Fast 800 Jahre lang bewahrte Radstadt den Charakter einer mittelalterlichen Stadtanlage, wozu die weitgehend erhaltene Stadtmauer aus dem 13. Jahrhundert entscheidend beiträgt. Sie hielt – zwar stark beschädigt – dem Bauernkrieg 1525 stand und stammt noch aus „vorartilleristischer" Zeit, als man noch nicht über schwere Kanonen („Mauerbrecher") verfügte. Deshalb ist die bis zu neun Meter hohe und 1,5 Meter dicke Stadtmauer aus kleinen Steinen und nicht aus schweren Quadern gefügt.

Vor dem abgerissenen Osttor erinnert ein Denkmal an Kaiser Maximilians I. Hoforganisten Paul Hofhaimer (1459–1537), den bedeutendsten Sohn der Stadt und „unübertroffenen Meister der Harmonie und Fürsten der Orgelkunst". Paracelsus fand den treffenden Vergleich: „Was der Hofhaymer auf der Orgel, ist der Dürer auf der Malerei."

Auf dem kurzen Weg durch die Stadt kommt man in der Schernbergstraße an zwei bemerkenswerten Schaustücken vorüber: einem bemalten Tonrelief des heiligen Florian aus 1753 und einem Marmorrelief am „Grafenhaus". Die Inschrift berichtet, dass Heinrich Graf dieses Haus 1554 erbaut habe, und wünscht:

Diese Sonnenuhr am Karner in Altenmarkt stellt die berühmte „Schöne Madonna" dar.

Bemaltes Tonrelief des heiligen Florian aus 1753 in der Schernbergstraße.

„Got geb Glückh dism haus und alen die gen ein und aus". Die Familie Graf stellte unter anderen Radstadts Pfleger (= ungefähr Bezirksrichter und Bezirkshauptmann) und erhielt später den Adelstitel „von Schernberg" nach ihrem Besitz in Schwarzach. Beachtenswert ist auch ein eisernes Relief aus 1541 an der Apotheke. Es stellt Diana dar, die Göttin der Jagd, wie sie mit einem Jagdhund, ihrem „Wappentier", spielt. Sie galt als Beschützerin der Schwangeren und Gebärenden. Darauf verweist im Hintergrund die Frau auf einem Bett.

Eine Rarität auf dem Stadtplatz ist nicht nur das klassizistische Bezirksgericht, sondern an der Fassade das Wappen des Fürsterzbischofs Hieronymus Colloredo. Die lateinische Inschrift erklärt, dass Hieronymus 1784 dieses Rathaus nach einem Brand zum Segen der Gemeinde und Nutzen der Verwaltung wieder aufgebaut habe.

Knapp vor dem ebenfalls abgerissenen Westtor bezeichnet ein Gemälde das Geburtshaus des „hochberühmten

Der Teichturm, einer von drei Ecktürmen in der Wehranlage von Radstadt.

188

Die „Wetterhexe" auf dem Hexenturm ist Ausgeburt des mittelalterlichen Hexenwahns.

Musikers und Königs der Organisten" Hofhaimer. Das Gebäude hieß früher „Tuchschererhaus". Hier glätteten „Tuchscherer" in ungemein mühsamer Arbeit Stoffe, indem sie vorstehende Wollfasern abschnitten. Von diesem harten Beruf stammen die Begriffe „Schererei" und „Gscher".

Als Rückkehr zum Hofhaimerdenkmal bietet sich der Weg um den Wassergraben und den Teichturm, dann entlang der Stadtmauer und durch die Sparkassenpassage in der Stadtmauer zur Pfarrkirche an, deren romanisches Langhaus um einen höheren gotischen Chor erweitert wurde. Aus der Gotik stammt auch die große Lichtsäule auf dem Friedhof. In solchen Säulen pflegte man früher Lichter für das Seelenheil der Verstorbenen und zum Schutz vor Krieg, Pest und Hunger zu entzünden. Das aufgelassene Kapuzinerkloster nebenan und Schloss Lerchen sind Museen zur Geschichte Radstadts.

Wegen des historischen Zusammenhangs mit Radstadt verdient auch Altenmarkt Aufmerksamkeit. Die gotische Kirche ist durch Hochgänge mit dem Dechanthof und mit dem Karner verbunden. An diesem umgibt das Ziffernblatt einer Sonnenuhr das Fresko der berühmten „Schönen Madonna", einer Plastik, deren gotisches Original aus dem Jahr 1393 zu ihrem Schutz in sicherer Verwahrung ist. Unter der Arkade an der Westseite der Kirche fällt das große Gemälde einer Kreuzigungsgruppe auf, vor der zwei Gruppen beten. Der Text erklärt: „Anno domini 1446 am Montag vor nativitatis (Weihnachten) marie ist gestorben.

Prachtvoll profilierte und bemalte Pfetten unter dem Dach
des 1754 erbauten Heimatmuseums in Altenmarkt.

Hanns Koldrer von hoch (Schloss Höch) Kathreina sein Haus-
fraw am pfintstag (Donnerstag) vor rudberti (Ruperti) in des
herbst anno 1463 Jar die lige hie begraben den Gott genad."

Wenige Meter östlich der Kirche steht das „Heimatmuseum",
ein charakteristischer Bauernhof mit erlesen bemalten Pfetten,
der ursprünglich als „Bruderhaus" alten Leuten eine Heimstätte
bot – in einer Zeit ohne Sozialversicherung.

Ein Sgraffito bezeichnet in Radstadt das Geburts- und Wohnhaus
Paul Hofhaimers, des berühmten Hoforganisten Kaiser Maximilians I.

CELEBRATISSIMVS
MVSICVS
MONARCHA
ORGANISTARVM

Paul hofhaymer Ritter
1459 – 1537

GEBURTSSTÄTTE UND WOHNHAUS

Exner
42

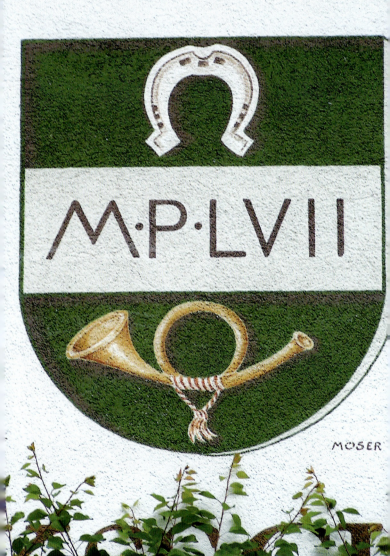

Römische Meilensteine und Marmor an der Tauernstraße

Bei einer Fahrt über den Radstädter Tauern kann man sich um 18 Jahrhunderte zurückversetzen lassen. Man folgt nämlich der römischen Tauernstraße. Die Stürme der Völkerwanderung verwehten diese Römerstraße so nachhaltig, dass nur mehr ein Saumpfad übrig blieb. Diesen baute Fürsterzbischof Leonhard von Keutschach um 1510 zu einem holprigen Karrenweg aus – genau auf der römischen Trasse, der auch die moderne Passstraße folgt. Das erklärt, warum auf den 28 Straßenkilometern zwischen Untertauern und Mauterndorf 13 rund 1800 Jahre alte Meilensteine (und zwei Weihesteine zu Ehren eines römischen Kaisersohnes) erhalten blieben.

Vom ersten Meilenstein am Ortsende von Untertauern (Kilometer 34,5) ließ der Zahn der Zeit nur mehr einen unscheinbaren Stummel übrig. Dort zweigte die Römerstraße bergwärts ab, weil die antiken Ingenieure die enge Taurachschlucht auf dem heute noch bestehenden „Römerweg" mit zwei Kehren umgingen. Diese Schlucht heißt auch „Zederhauser Umkehr". Die Bewohner dieses einst entlegensten Lungauer Dorfes galten als Schildbürger. Angeblich begaben sie sich einmal auf den Pilgerweg zum Dom in Salzburg, hielten diese verwinkelte Schlucht für das Ende der Welt und kehrten wieder um.

Der nächste Meilenstein steht bei Kilometer 36,7. Darauf folgt einer bei Kilometer 38,4 neben der schmalen Parkfläche nahe der

Die römische Zahl im Wappen von Untertauern bezeichnet die Entfernung von Iuvavum (Salzburg): 57 römische Meilen oder 84 Kilometer.

Eine Reihe Bergahorn im Taurachtal, im Hintergrund (von rechts) Pleißlingkeil, Großwand und Glöcknerin.

Gnadenbrücke. Dort erinnert ein Gedenkstein an den Ausbau dieser Brücke im Jahr 1834. Beim nächsten Meilenstein (Kilometer 40,6) lohnt im Frühjahr eine kurze Pause, damit man sich ein ungewöhnliches Schauspiel der Natur gönnen kann. Gegenüber dem Meilenstein zweigt ein Steig ab, der rund hundert Meter weit über eine Wiese zu einer Bodenkante führt, die den Blick auf den 130 Meter hohen Johannisfall freigibt. Im Winter türmt das Spritzwasser einen Eiskegel auf, der noch im Mai den Eindruck erweckt, als schlucke ein Vulkan den Wasserfall.

Auf der Passhöhe erinnert der Tauernfriedhof an jene Wanderer, die im Winter erfroren oder unter Lawinen gerieten. Der älteste erhaltene Grabstein stammt aus dem Jahr 1534. Da trafen es die Römer besser, denn hier befand sich die Straßenstation „In Alpe", in der Passanten nächtigen, sich verpflegen und die Pferde betreuen lassen oder wechseln konnten. Ein Stück weiter Richtung Lungau stehen in einer gemauerten Nische fünf Meilensteine und ein Weihestein, die entlang der Scheitelstrecke gefunden und hier aufgereiht wurden.

Knapp zwei Kilometer südlich der Passhöhe schneidet die Straße den hellen Fels des Hanges an, den „Schaidberger Marmor". Dort brachen die Römer das Material für neun der 13 Steine entlang der Straße und sogar für Grabsteine in Bischofshofen und Mondsee. Bei Kilometer 47,8 erinnert ein Gedenkstein an den Ausbau der Südrampe im Jahr 1839 – vier Jahre nach dem Bau der Gnadenbrücke. In Stein gemeißelt, vermerkt die Jahreszahl 1970 den modernen Endausbau der Tauernstraße (Kilometer 49,4). Im engen Twenger Talpass (Kilometer 49,8) stand einst auf dem Vorsprung jenseits des Baches eine Blockhütte für die militärische Wache.

Die nächsten Spuren der Römer bilden ein Meilen- und ein Weihestein bei Kilometer 51,6 sowie zwei Meilensteine jenseits von Tweng bei Kilometer 57,5 und 58,4. Im Zentrum von Mauterndorf drückt sich der letzte von 13 Meilensteinen neben einem gotischen Portal an eine Hauswand.

Römersteine in Obertauern während eines Schneegestöbers im August.

Der Tauernfriedhof ist seit dem 16. Jahrhundert letzte Ruhestätte vieler namenloser Opfer von Schneestürmen und Lawinen.

Von Mauterndorf weiter südwärts folgt die Bundesstraße nur das kurze Stück bis Staig/Moosham der Römerstraße, die dort direkt nach St. Margarethen hinunter, an der besonnten Ostflanke des Leisnitzgrabens hinauf und über die Lausnitzhöhe (fünf Kilometer östlich des Katschbergs) nach Kärnten führte. Das verrät die Meisterschaft der römischen Straßenbauer. Sie vermieden damit die Nachteile der Katschbergstraße: erst eine lange Schattenstrecke auf der Nordrampe und dann eine steile Schlucht auf der Südseite. Von der Leisnitzroute blieben noch drei Meilensteine in St. Margarethen und nochmals drei auf halbem Weg zur Lausnitzhöhe erhalten – alle aus Schaidberger Marmor. Hinzu kommen noch zwei Meilensteine, die im Salzburg Museum und im Tamsweger Museum stehen.

Das ergibt eine eindrucksvolle Bilanz: An der 39 Kilometer langen Strecke von Untertauern bis zur Lausnitzhöhe blieben 21 Meilensteine erhalten, 19 in der Natur und zwei in Museen. 39 Kilometer entsprechen 26 Meilen, folglich fehlen nur fünf Meilensteine – mit weitem Abstand ein Europarekord.

Allerdings passen die erhaltenen Meilensteine nicht mehr in das römische Messsystem, denn sie wurden erst im Verlauf des langsamen Ausbaus der Tauernstraße ab dem 16. Jahrhundert und ab St. Margarethen überhaupt nur durch Zufall entdeckt. Man hat sie dann „irgendwo" abgelegt oder aufgestellt. Das gilt augenfällig für die sechs Steine auf der Passhöhe. Zum Glück wurden sie aber nicht zerstört.

Untertauern trat zwar erst im 13. Jahrhundert als Poststation in die Geschichte, liegt aber an der alten Römerstraße. Und diese Geschichte steht auf dem Ortswappen: ein Hufeisen (Verkehr) und ein Posthorn (Station), dazwischen aber ein silberner Balken mit den rätselhaften Buchstaben M.P.LVII – ein Rückgriff in die römische Geschichte. Die Lösung: M (milia = 1 000) Punkt (= mal) P (passuum = Doppelschritte von je 1,48 Metern) mal LVII (= 57) ergibt 57 000 Doppelschritte, also 57 Meilen oder 84 Kilometer bis Salzburg. Weil die römische Tauernstraße bei Altenmarkt und Pfarrwerfen „Abschneider" machte, war sie um drei Kilometer kürzer als heute die Bundesstraße.

Vier goldene Tauerntäler

Aus der Goldberggruppe kamen um 1550 knapp zehn Prozent der damals bekannten Welt-Goldproduktion. Zusammen mit dem Halleiner Salz verschaffte das den Salzburger Fürsterzbischöfen den beneideten Rang unter den vier reichsten Fürsten des Deutschen Reichs. In der Goldberggruppe entspringen drei „goldene Täler", deren Gold nach dem Versiegen des Goldbergbaus heute in Heilbädern und touristischen Attraktionen besteht.

Gasteiner Tal

Dem Goldbergbau verdanken die Gasteiner den Ausbau des halsbrecherischen Saumpfades von Lend durch die Klamm zu einem Fahrweg. Damit verlor der Weg über den Rücken der „drei Waller" (600 Höhenmeter über Tal) seine Bedeutung als Zugang zum Gasteiner Tal. Zwischen Klamm und dem Schloss Klammstein verweist ein Pfeil zur „entrischen (= unheimlichen) Kirche", einer gewaltigen Höhle, in der die im Bergbau besonders zahlreichen Protestanten bis zu ihrer Vertreibung 1731/32 geheim ihre Gottesdienste feierten. Die Burg stammt aus dem 13. Jahrhundert, diente als Sitz der Obrigkeit und der Kontrolle des Verkehrs, wurde ab dem 17. Jahrhundert dem Verfall überlassen und erst im 20. Jahrhundert wieder restauriert (Museum).

An der Kirche im „Dorf in der Gastein" erinnert eine Tafel an den Seelsorger Andreas Rieser, der im Sommer 1938 nach altem Brauch einen Text „zum Gedenken für spätere Zeiten" für die

Das im Mittelalter aus Bruchstein errichtete Voglmaierhaus in Rauris, ein Zentrum des Goldbergbaus.

Das kunstvoll gearbeitete Grabdenkmal der Weitmoser an der Kirche von Bad Hofgastein.

Kugel des neuen Turmkreuzes verfasst hat. Riesers Text rechnete mit dem Nationalsozialismus ab. Entgegen der Gepflogenheit, dass solche Texte ungelesen in der Kugel verschlossen werden, landete dieses Dokument bei der Gestapo und der Priester büßte dafür bis Kriegsende im KZ Dachau.

In Dorfgastein steht noch ein 200 Jahre alter Meilenstein, der die Entfernung nach Salzburg mit 11¼ Meilen (= 83,5 Kilometer) und nach „Gastein" (Hofgastein) mit 1¼ Meilen (= 9,3 Kilometer) angibt. Die Umstellung von Meile auf Kilometer erfolgte 1871. Im Zentrum von Hofgastein bemisst ein Meilenstein die Entfernung nach Salzburg mit 2¼ Meilen, weil die Eins vor der Zwei abgeschlagen ist, daher beträgt die Entfernung 12¼ Meilen (= 91 Kilometer). Ein bisschen ungenau? Das spielte im Zeitalter der Postkutschen keine Rolle.

In Hofgastein residierten die reichen Gewerken des Goldbergbaus, dessen Ertrag die Gemeinde auch die prächtige Kirche verdankt. In Arkaden an ihrer Außenseite befinden sich kunstvoll in Marmor gearbeitete Grabsteine der im 16. Jahrhundert tonangebenden Gewerken, der Weitmoser, Strasser und Zott. Christoph Weitmoser, der Reichste von ihnen, baute seiner Familie am Hang südwestlich von Hofgastein das Weitmoserschlössl. Er starb 1558 auf dem Höhepunkt der Golderträge im 52. Lebensjahr. Auf dem Grabstein der Zott steht lateinisch die Mahnung, dass „der Tod alles gleich macht".

Auf dem Hamplplatz nahe der Kirche ehrt ein Denkmal den Bischof Ladislaus Pyrker, der 1817 erstmals zur Kur in Bad Gastein weilte und den 1830 realisierten Plan entwickelte, Thermalwasser von Bad Gastein nach Hofgastein zu leiten. Deshalb gilt er als Begründer des Heilbades Hofgastein.

Dieses Fresko in der Kirche St. Nikolaus aus dem 15. Jahrhundert in Bad Gastein zeigt, wie sich der Künstler den Teufel und die Verdammten vorgestellt hat.

Empfehlenswert ist die Anfahrt nach Bad Gastein über Badbruck, weil man von hier im Anstieg über 130 Höhenmeter alle Bauetappen des Weltkurortes erlebt – von Bauernhöfen bis zu den mondänen Hotels im Zentrum. „Altgastein" gruppiert sich um die alte Pfarrkirche St. Nikolaus mit einer religiösen Freskengalerie aus dem 15. Jahrhundert. Vor der Kirche ehrt eine Stele den großen Arzt und Naturwissenschaftler Paracelsus, der 1524/25 das Thermalwasser analysiert und seine Heilkraft beschrieben hat. Dass diese nicht immer den erwünschten Erfolg bringt, schildert ein Grabstein aus 1790 für einen 31-jährigen Mann an der Friedhofsmauer: „Er reisete hieher zum bade in Hoffnung, daß durch Gottes Gnade sein matter Körper Kraft erhält. Doch da es Gott nicht haben wollte, daß er auf Erden baden sollte, so rief er ihn aus dieser Welt."

In Bad Gastein kurierte Erzherzog Johann 1822 eine Beinverletzung und baute sich dann eine Villa. Als begeisterter Alpinist finanzierte er den Bau eines Weges auf den Gamskarkogel und einer Hütte neben dem Gipfel. Für diese touristische Pioniertat dankte ihm Bad Gastein mit einem Denkmal an der Erzherzog-Johann-Promenade.

In Bad Gastein wurde auch europäische Geschichte gemacht. Nach der Niederlage im Krieg von 1864 trat Dänemark seine Herzogtümer Schleswig, Holstein und Lauenburg an Preußen und Österreich-Ungarn ab. Spannungen zwischen beiden deutschen Großmächten löste dann die zwischen dem „eisernen Kanzler" Bismarck und dem österreichischen Gesandten Gustav von Blome 1865 in Bad Gastein ausgehandelte „Gasteiner Konvention" aus. Damals schrieb Bismarck seiner Frau aus Bad Gastein, dass er sich bei den schwierigen Verhandlungen wegen des Bades sehr wohl fühle, „besonders seit wir Kaltenhauser Bier hier haben". Bismarck kurte dann noch fünf Mal in Gastein. Das vermerkt die Gedenktafel am Hotel Mirabell. An die künstlerische

Prominenz unter den Gästen Bad Gasteins erinnern unter anderem die Gedenktafeln für Franz Schubert, Franz Grillparzer und Johann Strauß Sohn auf dem Straubingerplatz.

Das Herz des Gasteiner Goldbergbaus ist die historische Bergwerkssiedlung in Alt-Böckstein mit dem Bergbaumuseum. Nahe dem Gusseisenbrunnen in der kleinen Grünanlage steht ein steinerner Trog mit dem in Salzburg äußerst seltenen Wappen (zwei Winzermesser) des ob seiner Gerechtigkeit und Sparsamkeit beliebten Fürsterzbischofs Andreas Jakob Dietrichstein (1747–1753) aus Mähren.

Rauriser Tal

Zwischen Lend und Taxenbach quert die Bundesstraße rund einen Kilometer westlich der Abzweigung nach Eschenau den Trattenbach. Zur Zeit der Napoleonischen Kriege wechselte die „Landstraße" hier über die „Halbstundenbrücke" auf das Südufer der Salzach, in der man bei Niedrigwasser noch die Stümpfe der Brückenpfeiler erkennt. Als 7 000 bayerische Soldaten 1809 nach ihrem Sieg am Pass Lueg gegen den Pinzgau vorrückten, lauerte ihnen Schützenhauptmann Anton Wallner mit 400 Mann an den steilen Flanken dieser Engstelle auf und stoppte ihren Vormarsch sieben

Schutzmantelmadonna (16. Jahrhundert) in der Michaelskapelle neben der Rauriser Pfarrkirche.

So kennzeichnete einst der Bäcker seinen Laden in Rauris.

Stunden lang. Dafür setzte ihm Taxenbach an der Marktstraße unterhalb der Kirche ein Denkmal.

In Taxenbach zweigt die Straße in das Rauriser Tal ab. Dessen Geschichte schrieben nicht nur der Goldbergbau in Kolm-Saigurn, sondern zwei Männer. Am Gasthof Post erinnert eine Gedenktafel an Ignaz Rojacher, der 1876 den ziemlich verblichenen Goldbergbau übernahm. 1881/82 kaufte er eine kleine „Dynamomaschine", die er an ein Wasserrad koppelte und damit erstmals in Salzburg und als Zweiter in Österreich Strom zur Beleuchtung der Werkstätte in Kolm-Saigurn erzeugte. Den Salzburgern ging das elektrische Licht erst 1884 auf, den Wienern 1887 und den Innsbruckern 1889.

Der nach Rauris zugewanderte Wiener Agraringenieur Wilhelm von Arlt erwies sich 1886 als Rojachers kongenialer Partner beim Bau des Observatoriums auf dem 3 106 Meter hohen Sonnblick, dem höchstgelegenen in den Ostalpen. Als begeisterter Alpinist bestieg Arlt 1894 mit Skiern den Sonnblick und bewältigte die Abfahrt über 1 500 Höhenmeter in nur 32 Minuten. Das war die erste Skitour auf einen Dreitausender in den Ostalpen. Eine Gedenktafel für Arlt befindet sich am mittelalterlichen „Landrichterhaus" neben der Kirche.

Die Gebäude entlang der Marktstraße stammen vorwiegend aus der Blütezeit des Goldbergbaus im 15. und 16. Jahrhundert. Das erklärt die Vielzahl von Portalen mit gotischen Spitzbogen, in die Zunftzeichen – zum Beispiel eine Brezel – und Jahreszahlen gemeißelt sind. Hier lohnt ein Besuch des Talmuseums, das die „goldene Geschichte" von Rauris dokumentiert.

Die Michaelskapelle neben der Pfarrkirche birgt eine Rarität auf dem Altarbild – die „sieben Zufluchten" der Gläubigen: Dreifaltigkeit, Eucharistie, Christus am Kreuz, Maria, Engel, Heilige und arme Seelen. An der linken Seitenwand stellt ein Fresko aus dem 16. Jahrhundert die „Schutzmantelmadonna" dar, die ein Kirchenlied aus 1640 besingt: „Maria, breit den Mantel aus, mach Schirm und Schild für uns daraus. Lass uns darunter sicher stehn, bis alle Stürm vorüber gehn." Auf dem Friedhof zwischen beiden Sakralbauten steht eine Lichtsäule aus 1499, in der ein „ewiges Licht" für das Seelenheil der Verstorbenen sowie zum Schutz vor Unheil aller Art brannte.

Fuscher Tal

Bei der Anfahrt zum dritten goldenen Tauerntal bannt den Blick der Hügel von St. Georgen, auf dem seit 1416 eine Kirche steht. In der letzten Kurve der Auffahrt zur Kirche erinnert eine mächtige Linde an eines der traurigsten Kapitel der Landesgeschichte. Der Kirchenwirt von St. Georgen wurde 1732 mit 20 000 Protestanten aus dem Land vertrieben. Zum Abschied von der Heimat pflanzte er noch diese Linde. Die Kirche bietet eine erbaulichere Rarität: den mar-mornen Hochaltar aus 1518, der einem gotischen Flügel-altar nachempfunden ist und in Salzburg nur ein Gegen-stück in der Franziskanerkir-che hat, nämlich den Altar aus

Darstellung des heiligen Georgs
am marmornen Altar
in der Kirche von St. Georgen.

1561 in der Kapelle hinter dem Hochaltar, der ursprünglich im romanischen Dom stand. Sehr selten ist auch der Treppengiebel des Kirchturms, den es allerdings in nächster Nähe in Zell am See und in Fusch gibt.

In Fusch verdient das Mühlenmuseum Aufmerksamkeit, weil es die historisch erste Energieumwandlung der Wasserkraft durch das Mühlrad darstellt. Die Weiterentwicklung des Mühlrades zur Turbine dokumentiert ein kurzes Stück weiter das Bärenwerk, Salzburgs erstes Speicherkraftwerk. Dieses Industriedenkmal ging 1924 in Betrieb, konnte aber seine Leistungskraft erst mit fortschreitender Elektrifizierung voll ausnützen. Der Speichersee liegt 290 Höhenmeter weiter oben im Hochtal von Ferleiten.

In Ferleiten beginnt an der Mautstelle auch das Kernstück der Großglockner-Hochalpenstraße. Sie wurde von 1930 bis 1935 sowohl als touristische Aussichtsstraße im Hochgebirge als auch zur Arbeitsbeschaffung in der Weltwirtschaftskrise angelegt, die in Österreich die Arbeitslosigkeit auf 26 Prozent trieb. Mangels moderner Baumaschinen bauten durchschnittlich 3 500 Arbeiter diese Straße „händisch" mit Krampen und Schaufeln. Gleichwohl markierte sie bahnbrechenden Fortschritt: Entlang der Straße standen elf mit den Mautstellen verkabelte Notrufsäulen, von denen noch drei als Technikdenkmäler bei Kilometer 20,4, 24,2 und 32,1 erhalten blieben.

Neben der Fuscher Lacke (Kilometer 29,3) fällt ein kleines Holzhaus kaum auf. Es diente einst als Baubüro und bietet heute eine umfassende Dokumentation der Baugeschichte. Hinter dem Mittertörl durchschneidet die Glocknerstraße den „Elendboden" (Kilometer 31,1). Der Name und eine Gedenktafel erinnern daran, dass hier im Sommer 1683 Wallfahrer in einen schweren Schneesturm gerieten und 37 von ihnen elendiglich erfroren. Seit dem 17. Jahrhundert pilgern nämlich an jedem Vorabend des Festes Peter und Paul – mittlerweile bis zu 3 000 – Pinzgauer von

Ferleiten und von Rauris nach Heiligenblut, wo sie ursprünglich den Schutz ihrer Haustiere vor Bären und Luchsen erbaten. Die beiden Pilgerzüge vereinigen sich an der „Fuscher Wegscheid" (Kilometer 32,1).

In der „Knappenstube" (Kilometer 32,6) verweisen verfallene Stollentore auf den Goldbergbau im 15. und 16. Jahrhundert.

Beim Hochtor dokumentiert eine archäologische Ausstellung, dass bereits Kelten und Römer einen Handelsweg über das Hochtor gebahnt und ein Passheiligtum angelegt hatten. Bei Anschnitt des Hochtortunnels kamen Münzen aus mehr als zwei Jahrtausenden zum Vorschein, darunter eine silberne aus der Zeit Maria Theresias mit der Aufschrift „In te domine speravi" (Auf dich, o Herr, habe ich vertraut). Sie steht nun zum Dank für das geglückte Werk in Stein gemeißelt über den beiden Portalen des Hochtortunnels.

„Lüftlmalerei" im Ortszentrum von Bruck an der Glocknerstraße.

Über das Hochtor führt nachweislich seit 3 600 Jahren ein Handelsweg über die Hohen Tauern.

Kapruner Tal

Das vierte goldene Tauerntal setzt in Kaprun an. Es lieferte zwar kein Edelmetall, sondern seit 1944 „weißes Gold" aus einem Großkraftwerk. Als kürzestes aller Tauerntäler, aber mit 1 200 Höhenmetern Anstieg zu den ehemaligen Almböden das steilste, weckte es sehr früh das Interesse der Pioniere des Bergsteigens: Nirgendwo sonst gelangte man so schnell an einen Kranz von zwölf Dreitausendern. 1926 beflügelte dieses Gefälle die Berliner AEG zu einem gigantischen Plan: 1250 Kilometer Hangkanäle sollten in 2 000 Meter Höhe alles Wasser zwischen Hochalmgruppe und Birnlücke drei Großkraftwerken im Salzachtal zuleiten. Das Projekt scheiterte, weil jeder Regen einen Probehangkanal in Kaprun heillos mit Geröll verstopfte. So blieb vom großen Plan „nur" das Kraftwerk Kaprun. Der 1,5 Kilometer lange Probehangkanal besteht aber noch, er leitet abgedeckt unter Betonplatten

Auf dem Kitzsteinhorn fand 1915 die Weltpremiere des Gletscherskilaufs im Sommer statt.

dem Stausee Mooserboden das Wasser des Wielingerbaches zu. Eine Katastrophe erwies sich langfristig für Kaprun als Glücksfall. Im Mai 1915 trat Italien in den Krieg gegen Österreich-Ungarn ein, dessen Generalität dringend Skisoldaten für die Dolomiten und den Ortler benötigte. Die Suche nach einem Gletscher möglichst nahe an einer Bahnlinie endete auf dem Kitzsteinhorn bei Zell am See. Alsbald begannen nach Beschlagnahme der Hütten am Kitzsteinhorn Skikurse für Soldaten. So wurde der Sommerskilauf auf dem Kitzsteinhorn erfunden. Er warf ebenfalls „weißes Gold" ab. Als logische Folge erschlossen die Kapruner Gletscherbahnen 1964 Österreichs erstes Gletscherskigebiet.

Von dieser stürmischen Entwicklung unberührt blieb das Ensemble bodenständiger Holzhäuser (mit dem Heimatmuseum) um den Kirchplatz auf dem Hügel im Kapruner Ortszentrum.

Festungen, Fresken, Forstpolitik

Als Pässe bezeichnet man auch Engstellen in Tälern, die sich mit Wehrbauten gut blockieren ließen. Die von Fürsterzbischof Paris Lodron 1646 im Dreißigjährigen Krieg massiv verstärkte Befestigung am Steinpass sicherte Salzburgs Grenze zu Bayern und den Verkehr durch das Saalachtal. Während der Napoleonischen Kriege eroberten die mit den Franzosen alliierten Bayern 1809 die Palisaden in Melleck und den Steinpass. Der Tiroler Freiheitskämpfer Josef Speckbacher sammelte Tiroler und Pinzgauer Schützen, umging den Pass an den Bergflanken und überrumpelte die Bayern mit dem Zangenangriff. Sie flohen, kehrten aber mit erheblicher Verstärkung zurück und vertrieben wiederum die Freiheitskämpfer. In die Chroniken ging dieses Gefecht als „Gemetzel" ein. Gegenüber dem aufgelassenen alten Zollamt steht ein Modell der Befestigung um das Tor im Steinpass (vgl. dazu auch S. 111).

Die Umfahrung durch den Achhorntunnel entlastet die alte Bundesstraße durch Unken erheblich. Im Ortszentrum fällt der stattliche Kramerwirt wegen des klassizistischen Stuckdekors um die Fenster auf. Im Zeitalter der Postkutschen diente er wie die „Postwirte" überall als Poststation, an der Passagiere und Pferde verpflegt und die Radlager gegen Aufpreis geschmiert wurden – daher stammt das mittlerweile anrüchige „Schmiergeld".

Neben dem Kramerwirt zweigt die Straße zur 1758/60 erbauten Kirche ab. Das alte Gotteshaus war abgebrannt. Dabei ging

An der alten Straße über den Steinpass bezeichnet dieser Stein mit dem Doppeladler seit 1818 die Grenze.

Dank günstiger Lage an der Hauptstraße von Salzburg nach Innsbruck konnte der Kramerwirt in Unken 1832 sein Haus mit einer eleganten Fassade schmücken.

leider das Grab des Jesuiten und Moraltheologen Adam Tanner verloren. Er zählte zu den prominentesten Kritikern der damals grassierenden Hexenhatz und verglich sie mit der Christenverfolgung. Tanner starb 1632 in Unken auf der Durchreise von Innsbruck nach Salzburg. Als man seine Beisetzung vorbereitete, entdeckten Bauern in seinem Gepäck ein Mikroskop und beim Blick in dieses seltsame Gerät ein teuflisches Ungeheuer. Also bezichtigten sie den Toten der Komplizenschaft mit dem Teufel und wollten ihm das kirchliche Begräbnis auf dem geweihten Gottesacker verweigern. Der Pfarrer hatte größte Mühe, den erbosten Bauern das Mikroskop zu erklären, in dem man eine riesig vergrößerte Fliege sah.

Wenige Schritte von der Kirche weiter steht das Heimatmuseum Kalchofengut. Die Firstpfette dieses charakteristischen Hofes trägt die Jahreszahl 1699, an die Fassade sind Fresken, Sprüche und eine bäuerliche Pendeluhr mit der Jahreszahl 1820 gemalt.

Kurz hinter Unken folgt der nächste Pass, die bereits 1350 angelegte und von Paris Lodron von 1621 bis 1648 zur Festung Kniepass ausgebaute Talsperre. An der senkrechten Wand unterhalb der Festung erinnert eine Gedenktafel (lateinisch) daran, dass Fürsterzbischof Markus Sittikus 1614 „diese zur fortdauernden Festigkeit (und) öffentlichen Bequemlichkeit (mit) härtesten Kieselsteinen (versehene) Straße eröffnet" habe. Eine bemerkenswerte Verbesserung eines Karrenweges also.

Drei Kilometer weiter Richtung Lofer folgt die nächste Engstelle (Hallenstein) zwischen dem Gasthof „Zum Blanken" und gegenüber einem Hof mit erlesen verzierten Pfetten. Nun steigt die Straße sanft an und der mächtige „Soderbauer" beherrscht wegen prächtiger Fassadenmalerei zunehmend das Blickfeld. Es ist beinahe eine Galerie der „volkstümlichen" Heiligen.

Jenseits der Brücke steht am Straßenrand die 1755 erbaute Antoniuskapelle mit seitlich je drei gestaffelten Säulen. Hier zweigt die Straße über die Saalach in das kleine Dorf Au ab – eine Parade charakteristischer Pinzgauer Höfe. 200 Meter jenseits des

Nur drei Kilometer westlich des Steinpasses sicherte die nächste Wehranlage am Kniepass den Verkehrsweg. Schon zehn Kilometer weiter folgte die Talsperre im Pass Strub.

In Hallenstein ist die prächtig bemalte Fassade
des Soderbauern ein Blickfang.

Der Zwiebelturm der Loferer Pfarrkirche vor der gewaltigen Kulisse der
Loferer Steinberge.

An der Abzweigung der Straße nach Au steht seit 1755 die erlesen gestaltete Antoniuskapelle.

Dorfes steht über einem Graben die Antoniuskirche, die
als Foto mit den Loferer
Steinbergen im Hintergrund
zu den beliebten Weihnachts-
karten zählt. Au hat seinen
Charakter bewahrt, wiewohl
alle Höfe mit dem üblichen
Komfort von Bad bis moder-
ner Küche ausgestattet sind, und zählt mit Aisdorf (Niedernsill),
Almdorf (Saalfelden) oder Lintsching (Lungau) zu den Glanz-
stücken der ländlichen Baukultur. Neben der Straße nach Au fallen Steinwälle auf. Sie entstanden durch das „Steineklauben" in
den Wiesen, um nutzbares Land zu gewinnen, und dienten zu-
gleich als Zaun, den Rinder nicht übersteigen können.

Die Umfahrung durch einen Tunnel hat den Markt Lofer fühl-
bar entlastet und im Ortskern eine Fußgängerzone ermöglicht.
Man kann also geruhsam die Gebäude aus dem 16. und 17. Jahrhundert, die Fassadenmalereien und die Aushängeschilder betrachten und spürt geradezu den (relativen) Wohlstand eines
alten Marktes, in dem bis heute die Straßen von Salzburg, Tirol
und dem Pinzgau zusammenlaufen.

Drei Kilometer westlich von Lofer zwängt sich die Straße wieder durch eine Engstelle, den Pass Strub. Paris Lodron baute von
1621 bis 1646 die mittelalterliche Grenzbefestigung zu einer Talsperre aus. In den Napoleonischen Kriegen hielt sie 1800 und
1805 Angriffen der Franzosen und Bayern stand, aber nicht mehr

Reste der Talsperre im Pass Strub.

1809. Sie wurde von den Franzosen gesprengt. Die 1983 restaurierten Reste der ausnehmend dicken Sperrmauern und des Wachthauses vermitteln aber einen Begriff von der Bedeutung dieser Talsperre. Der 1887 gesetzte schwarze Obelisk nahe den Befestigungen erinnert an die drei Schlachten, die Freiheitskämpfer und die Gefallenen. Ein Grenzstein von 1616 markiert die Grenze zwischen Salzburg und Tirol, obgleich ein Teil des Tiroler Unterlandes zum „Kirchenstaat" Salzburg gehörte und heute noch Teil der Erzdiözese Salzburg ist.

Letztes Ziel ist St. Martin bei Lofer. Zwischen beiden Orten steht das im Kern 800 Jahre alte, aber vielfach umgebaute Schloss Grubhof, in dem 1887 der Maler Anton Faistauer geboren wurde. Seine Bedeutung bezeugen die Fresken im Foyer des Salzburger Festspielhauses und in der Kirche von Morzg.

In St. Martin bei Lofer steht ein „bayerisches Forstamt". Seit dem Mittelalter bezog nämlich die Reichenhaller Saline Holz aus 18 000 Hektar Wald im Pinzgau – den „Saalforsten". Die ständigen Reibereien zwischen Salzburg und Bayern löste 1829 die „Salinenkonvention": Bayern behält die Saalforste als Privatbesitz und gestattet dem Salzbergbau auf dem Dürrnberg, Stollen in bayerisches Gebiet vorzutreiben.

Die Wallfahrtskirche Maria Kirchental – der „Pinzgauer Dom" – steht in einem einsamen Hochtal bei St. Martin.

Am Ortsausgang von St. Martin zwängen sich Straße und Saalach wieder durch eine Engstelle – den Pass Luftenstein: um 1200 befestigt, in den Bauernkriegen 1525/26 zerstört, 1621 zur Talsperre ausgebaut und 1809 von den Franzosen gesprengt. Von diesem Wehrbau blieben nur spärliche Reste und ein Gedenkstein.

Das Kleinod von St. Martin heißt Maria Kirchental in einem engen Hochtal der Loferer Steinberge, ein nicht nur für Gläubige bedeutender Wallfahrtsort, in dem besteht, was der Pilger braucht: die Kirche, ein Wirtshaus, ein Haus für die Geistlichkeit und ein Devotionalienladen.

Fürsterzbischof Johann Ernst Thun ließ die imposante Kirche nach Plänen des Johann Bernhard Fischer von Erlach 1694 bis 1701 bauen, daher auch der Name „Pinzgauer Dom". Die Bedeutung dieser Wallfahrt ist daran abzuschätzen, dass im 18. und 19. Jahrhundert jährlich bis zu 50 000 Gläubige sogar aus Bayern, Kärnten oder Ungarn hierher pilgerten, um von der Madonna Linderung ihrer Nöte zu erbitten oder für gewährte Hilfe zu danken. Das bezeugen 1500 Votivtafeln, deren wertvollste zum Schutz vor Dieben in gesicherten Nebenräumen verwahrt werden und nur unter Aufsicht zu betrachten sind.

Das Gnadenbild aus dem 15. Jahrhundert zeigt die Muttergottes mit dem Jesuskind auf dem Schoß. Das Kind hält als tröstliche Botschaft für die Pilger in seiner Rechten einen Stieglitz, das uralte Symbol für Leiden. Man glaubte nämlich, dass sich der arme Stieglitz von Disteln und Dornen ernähren müsse. Die Madonna heilt also alle Leiden.

Leicht gedrehter Turmhelm in Gerling.

Kalkwände, Gletscherberge und ein See

Das breite Becken zwischen Saalfelden und Zell am See ist das schöne Fotomotiv schlechthin: im Norden die bleichen Wände des Steinernen Meeres, im Süden die Gletscherberge, an den Seiten sanfte Grasberge und mitten drin der Zeller See. Vor zwei Jahrhunderten atmeten die ersten Reiseschriftsteller – durchwegs Flachländer – erleichtert auf, wenn sie dem beängstigend engen und von Steinschlag bedrohten „Hohlweg" von Weißbach nach Saalfelden „glücklich entronnen" waren.

Erstes Augenmerk in Saalfelden verdient das Museum Schloss Ritzen wegen einer der bedeutendsten Krippensammlungen Österreichs. Ebenso sehenswert ist die Sammlung von Votivtafeln. Für Salzburg einzigartig sind auch Teile von alten römischen Wand- und Deckenfresken, die vor 1 800 Jahren ein vornehmes römisches Landhaus geschmückt haben. In nächster Nähe des

Museums steht im Ortsteil Thor die „Abschiedskapelle". Eine Bäuerin ließ sie an jener Stelle errichten, an der sie sich 1732 von ihrem Mann verabschieden musste, weil er als Protestant des Landes verwiesen wurde.

In Saalfeldens weiterer Umgebung blieben viele charakteristische Pinzgauer Höfe erhalten: aus Steinen gemauertes Erdgeschoß, darüber ein Blockbau und dazu ein flaches Dach, etwa das Salzmanngut von 1626 in Ramseiden oder der

Die „Abschiedskapelle" in Saalfelden.

„Leichladen" erinnern an Stadeln oder Zäunen an Verstorbene.

Weiler Almdorf mit einer Reihe von Höfen im Halbkreis. Auf dem Weiterweg Richtung Süden sieht man an kleinen Stadeln „Leichladen", auf denen bis zum Ersten Weltkrieg Verstorbene in der guten Stube aufgebahrt wurden. Anschließend setzte man Namen, Lebensdaten und einen frommen Spruch auf den Laden und befestigte ihn weitab seines Hauses an Stadeln, Bäumen oder Zäunen – im Unterschied etwa zum Flachgau quer und nicht senkrecht. Noch vor hundert Jahren zählte man im Großraum Saalfelden mehr als 1200 Leichladen, die allerdings den Wetterunbilden nicht standhielten.

Entlang der östlichen Talseite durchquert man eine eher stille Gegend und mehrere kleine Weiler: Hof (Hofbichlgut), Deuting, Ruhgassing (Fresken am Örgenhof) und Gerling. An dieser gotischen Landkirche prangt ein Fresko des heiligen Christophorus, neben der Kirche steht der alte Pfarrhof. Die deutsche Version des seit dem Mittelalter üblichen Christophorus-Spruchs lautet:

Schloss Kammer und der Hohe Tenn.

„An welchem Tag immer du das Antlitz Christophers schaust, an dem Tag wirst du keines üblen Todes sterben." Letzte Station auf dieser Strecke ist das von einer Ringmauer geschützte Schloss Kammer, das erstmals 1276 in Urkunden auftaucht. Vor dem gotischen Portal in der Ringmauer steht ein repräsentativer Pinzgauer Hof (rechts außerhalb des Bildes).

Das Glanzstück Maishofens ist das Schloss Saalhof mit den für den Pinzgau typischen vier Ecktürmen. Der Bau geht auf das 13. Jahrhundert zurück und bekam 1606 seine endgültige Form. Das steht über dem Hauptportal im Relief eines Engels zwischen den Wappen der damaligen Besitzer.

Die Eisenbahn ist seit 1875 das Schicksal von Zell am See auf dem vom Schmittenbach aufgeschütteten Delta. Die Bahn sollte ursprünglich am Ostufer durch Thumersbach fahren, doch die Zeller wehrten sich erfolgreich dagegen. Seither trennen zwar die Gleise die Stadt vom Seeufer. Aber die Bahn verschaffte dem

Tourismus starken Auftrieb, wie Strandhotels im Stil der Gründerzeit und die 1927 gebaute erste Seilbahn Salzburgs auf die Schmittenhöhe belegen. So gewann Zell am See den Rang als Salzburgs Skizentrum.

Glanzstück der Stadt bildet die Pfarrkirche mit dem romanischen Treppengiebelturm. Die Empore ist ein Meisterwerk gotischer Steinmetze, die Fresken stammen großteils aus dem 14. Jahrhundert und eine marmorne Grabplatte von 1610 vorne im linken Seitenschiff stellt eine für das Christentum entscheidende Szene dar: Jesus übergibt Petrus – dem „Fels, auf dem ich meine Kirche bauen will" – die Schlüssel als Symbol seines Amtes als erster Papst.

Beachtenswert auf engstem Raum im alten Stadtzentrum: Schloss Rosenberg (1577) mit vier Ecktürmen (heute Rathaus),

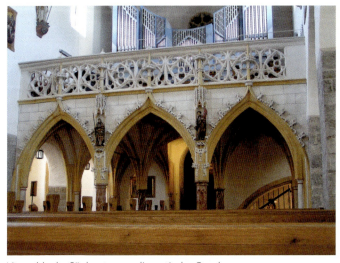

Vier schlanke Säulen tragen die gotische Orgelempore
der Pfarrkirche von Zell am See.

Mittelalterliche Treppengiebel sieht man sehr selten, doch im Pinzgau gleich drei in Zell am See (Bild), Fusch und St. Georgen.

das alte Pfleggericht neben der Pfarrkirche (heute Bezirkshauptmannschaft), gleich gegenüber der tausend Jahre alte „Vogtturm" (heute Stadtmuseum), dann das alte „Rentamt" (Finanzamt) aus 1568 in der Dreifaltigkeitsgasse, der Gasthof „Grüner Baum" (1555) sowie mehrere gotische Kielbogenportale wie jenes am Haus Seegasse 9 aus 1553 mit dem Wappen des Georig Prugpeckh („Brückenbäcker").

Nicht übersehen sollte man den Kalvarienberg etwa einen Kilometer nördlich des Stadtzentrums am steilen Hang neben der Bundesstraße. Fromme Zeller legten diesen Kreuzweg 1756 an, „damit die Christenmenschen das Leiden und Sterben des Herrn nicht außer Acht lassen". Ein Lohn des Anstiegs ist die Rundsicht über das Pinzgauer Becken.

Wappen des Georig Prugpeckh in der Zeller Seegasse.

Schwemmkegel, Hochwasser und die „Kümmernis"

Auf der 51 Kilometer langen Fahrt mit der 1898 eröffneten Pinzgaubahn von Zell am See nach Krimml fällt auf, dass die Gleise weite Bögen um mehrere Siedlungen machen. Sie liegen nämlich vor Hochwasser sicher auf Schwemmkegeln. Durch die Dörfer führt nur die alte Landesstraße, weshalb sich der Verzicht auf die modernen Ortsumfahrungen lohnt.

Piesendorf ist ein Beispiel dafür. Der Ortskern ist um die Kirche (Fresken aus dem 15. Jahrhundert) auf dem Schwemmkegel gruppiert. Zum Ortskern zählen naturgemäß auch Wirtshäuser. Im Portal des „Mitterwirts" zeigt eine Plastik aus dem Jahr 1558 für jeden unmissverständlich an, dass man hier den Durst löschen kann: Eine Hand weist auf einen Trinkbecher, den eine andere Hand hält.

Kaum einen Kilometer westwärts weiter ist der Weiler Friedensbach, eine Gruppe von Höfen, die bis in das 16. Jahrhundert zurückreichen und bemerkenswerte Sinnsprüche tragen. Ein Beispiel: „Behüt uns Gott vor teurer Zeit / vor Maurer und vor Zimmerleut / vor Advokat und Pfändung sind / vor allem was den Bauern schindt. / Vor Hagel Wasser u. Feuers'gfahr / behüt o Herr uns immerdar. / Und gib uns unser täglich Brot, / dann singen wir gelobt sei Gott." Zu Piesendorf gehört auch noch Walchen mit dem „Vögeigut", einem Prachtstück von charakteristischem Pinzgauer Hof. Im gotischen Portal steht die Jahreszahl 1580.

Die „heilige Kümmernis am Kreuz" in der Dorfer Kapelle.

Die Szene im Kielbogenportal des Mitterwirts in Piesendorf erklärt unmissverständlich, dass es an dieser ehemaligen Haltestelle der Postkutsche etwas zu trinken gibt.

In Niedernsill sind längst die Spuren einer Katastrophe von 1798 getilgt: Ein schweres Gewitter hatte in den Hohen Tauern eine riesige Mure ausgelöst, die sich aus dem Mühlbachtal über das Dorf ergoss und nahezu völlig zerstörte. Beachtung verdient das „Norikermuseum". Diese Pferderasse spielte in der Geschichte des Pinzgaus als Fuhr-, Reit- und Saumpferd eine entscheidende Rolle. Einen Kilometer südwestlich von Niedernsill liegt der Weiler Aisdorf, dessen Höfe im Kern aus dem 16. Jahrhundert stammen. Ähnlich wie Almdorf bei Saalfelden oder Lintsching im Lungau hat er seinen bodenständigen Charakter bewahrt.

Uttendorf ist die „archäologische Hauptstadt" des Pinzgaus. Hier wurden ein Feld mit 448 Gräbern und wertvollen Grabbeigaben sowie Reste von Gebäuden aus der keltischen Zeit um 500 v. Chr. entdeckt. Das von Archäologen rekonstruierte „Keltendorf" lenkt unseren Blick weit in die Landesgeschichte zurück.

Bei einem Abstecher in den Weiler Schwarzenbach auf der anderen Talseite überquert man die „alte Salzach". Das vermittelt

eine Idee davon, wie das Tal vor der Regulierung des Flusses aus-
gesehen haben mochte. Die kleine Kirche in Schwarzenbach
stammt aus der Gotik, wurde im 18. Jahrhundert barockisiert
und bewahrte trotzdem gotische Fresken, unter anderem der
Kirchenpatronin Margaretha aus dem 15. Jahrhundert

Stuhlfelden ist die Urpfarre des Oberpinzgaus, die Kirche
stammt aus dem 13. Jahrhundert, wovon das Kirchenportal
zeugt. Gleich nebenan steht das um 1500 von einem Gewerken
(Bergwerksbesitzer) gebaute Schloss Lichtenau, das heute als
Schule dient. Der Bau entspricht mit seinen Ecktürmchen dem
Pinzgauer Schlosstypus, wie der Vergleich mit dem von einem
Gewerken 1577 erbauten Schloss Rosenberg in Zell am See, das
Schloss Saalhof aus 1606 in Maishofen (heute Hotel) oder das
1901 abgebrannte und nicht völlig rekonstruierte Schloss Dorf-
heim in Saalfelden bestätigen.

Das um 1500 errichtete Schloss Lichtenau in Stuhlfelden ist mit seinen
Ecktürmchen ein Musterbeispiel für den Pinzgauer Schlosstypus.

Am westlichen Ortsende von Stuhlfelden erinnert ein Obelisk an ein für den Oberpinzgau entscheidendes Ereignis. Kaiser Franz I. nahm 1832 auf der Rückreise von Innsbruck nach Wien den Umweg über den Pass Thurn, um vor Ort die Klagen der Pinzgauer über die beständigen Überschwemmungen zu hören. Als er von der Passhöhe das versumpfte Salzachtal überblickte, sagte er sichtlich erschüttert: „Meine Kinder, da muss euch geholfen werden." Sogleich begannen die Trockenlegung der Sümpfe und Versuche, die durch das breite Tal mäandernde Salzach zu regulieren. Daran erinnert der Obelisk in Stuhlfelden. Die Regulierung der Salzach im Pinzgau dauerte bis in das 20. Jahrhundert und vergrößerte die landwirtschaftliche Nutzfläche um etwa 30 Quadratkilometer.

Lediglich Mittersill litt bis in die jüngste Zeit immer wieder unter Hochwasser, weshalb man es „Pinzgauer Venedig" nannte. Die Erhöhung der Uferdämme und die von einem Damm quer

Bodensonnenuhr, kombiniert mit einem Brunnen, an der Friedhofsmauer in Mittersill.

Das Klausnerhaus in Hollersbach behielt seinen jahrhundertealten Charakter: unverputzter Steinbau im Erdgeschoß und darüber Blockbau. Heute dient dieser Hof als Seminarzentrum und Infostelle des Nationalparks Hohe Tauern.

durch das Tal gesicherte Aufweitung des Flussbettes schufen Abhilfe und Schutz für diese kleine Stadt. Eine Rarität ist an der Friedhofsmauer angebracht: um einen Brunnen eine Bodensonnenuhr, deren schräg gestellter Schattenstab auf dem im Boden eingelassenen „Ziffernblatt" die genaue Zeit anzeigt. Im Friedhof erinnert das Grab des Komponisten Anton von Webern (1883–1945) an eine Tragödie. Webern zählte mit Arnold Schönberg und Alban Berg zu den namhaftesten Vertretern der Zwölftontechnik. Deshalb stuften die Nazis seine Musik als „entartet" ein. Im März 1945 flüchtete das Ehepaar Webern vor der Roten Armee zu Fuß von Wien nach Mittersill zur Familie seiner Tochter. Dort führte die Verkettung tragischer Umstände im September 1945 zur Katastrophe: Webern verließ um 21.15 Uhr für eine

Nur in Rosental bei Neukirchen ist der Großvenediger, mit 3 662 Metern höchster Berg des Landes, vom Tal aus zu sehen.

Rauchpause das Haus, stieß in der Dunkelheit mit einem US-Soldaten zusammen, der an einer Razzia gegen Schleichhändler teilnahm, worauf der Soldat feuerte und Webern tötete.

Das Musterbeispiel eines unverputzten „Steinhauses" steht in Hollersbach: Das Klausnerhaus ist ein charakteristischer Pinzgauer Hof und stammt im Kern aus dem 14. Jahrhundert. Das Erdgeschoß ist aus Bruchstein aufgeführt und trägt einen Blockbau darüber. Dieser Hof dient heute als Infostelle des Nationalparks Hohe Tauern.

Dass ein kleines Dorf „Dorf" heißt, ist ungewöhnlich. Im Bramberger Ortsteil Dorf stehen beiderseits der alten Straße charakteristische Pinzgauer Höfe, die daher ihre Fassaden nicht der Umfahrungsstraße zukehren. Eine Sehenswürdigkeit der Sonderklasse ist die „heilige Kümmernis am Kreuz" in der Dorfer Kapelle. Nach einer Legende aus dem 15. Jahrhundert bestimmte ein heidnischer König seine zum Christentum bekehrte Tochter zur Ehe mit einem Heiden. Um das zu verhindern, bat sie Gott inständig, er möge sie verunstalten, worauf ihr ein Bart wuchs. Der erboste König ließ deshalb seine Tochter kreuzigen. Die Kümmernis heißt auch Wilgefortis, zusammengesetzt aus Virgo (Jungfrau) und fortis (stark).

Den Zunamen „Smaragddorf" bekam Bramberg wegen der Nähe zum Habachtal, Europas einzigem, aber erloschenem Abbaugebiet von Smaragden. Das Heimatmuseum in einem typischen Pinzgauer Hof verfügt über eine Sammlung von Smaragden und Halbedelsteinen aus den Tauern. Im 16. Jahrhundert zählte Bramberg zu den frühesten Zentren des Hexenwahns in Salzburg, dem ausgerechnet der 80-jährige Pfarrer Rupert Ramsauer und seine gleichaltrige Haushälterin zum Opfer fielen. Das Volk hatte nämlich „Beweise" dafür gesammelt, dass der Pfarrer die seit Jahren zunehmend häufigen Regengüsse und Hagelschläge durch blasphemische Umkehr des Wettersegens herbeigezaubert und somit schwere Schäden in der Landwirtschaft angerichtet habe. Ramsauer und seine Haushälterin wurden 1575 wegen Schadenszaubers in Mittersill verbrannt.

Auf dem Weiterweg nach Krimml lohnt ein Abstecher nach Sulzau, wo die beiden Sulzbachtäler in das Salzachtal münden. Nach kurzem Anstieg auf dem gesicherten Steig zum versteckten Wasserfall im Untersulzbachtal stechen schwefelgelbe Flecken am Felsen ins Auge. Das ist eine Flechte, die auf senkrecht abfallendem Silikatfels von spezifischen Säuren verfärbt wird. Ebenso auffallend sind die blutroten Flechten auf Steinen und Felsbrocken, die auf dem Talboden den Obersulzbach säumen. Die Farbe stammt von karotten- bzw. blutfarbigen Substanzen. Bei feuchtem Wetter verströmen diese Flechten den Duft von Veilchen, weshalb der Volksmund diese roten Steine „Veilchensteine" nennt.

Im Neukirchner Ortsteil Rosental weg vom Gas! Ein ganz kurzer Abschnitt der Bundesstraße ist nämlich der einzige Punkt in Salzburg und Osttirol, an dem man vom Tal aus den Großvenediger sieht.

Mit 380 Meter Sturzhöhe über drei Katarakte sind die Krimmler Wasserfälle nicht nur die höchsten in den Alpen, sie sind zudem das Musterbeispiel eines „Gletscherbachs", den das Schmelzwasser von 23 Eisfeldern speist. Die Wasserfracht hängt daher von der Temperatur ab, weshalb die „Gezeiten" nach Jahres- und Tageszeit zwischen 10 und 83 Kubikmetern pro Sekunde schwanken: im Winter und bei Nacht wenig, im Sommer nachmittags das Maximum. Zudem ist der Wasserfall ein Gesundbrunnen: Das im Tosbecken zerstäubende Wasser wird ionisiert und lindert asthmatische Leiden erheblich.

Der berühmteste Krimmler kam 1768 im Oberkrimmler Hinterlehenhof zur Welt, der Schützenhauptmann Anton Wallner. 1809 betraute Andreas Hofer diesen Meisterschützen mit der Aufgabe, Salzburgs Befreiungskrieg gegen Napoleon zu organisieren. Nach der Niederlage am Steinpass musste Wallner untertauchen und kam schließlich nach Wien, wo ihm der Kaiser für seine Verdienste eine (bescheidene) lebenslange Pension zusprach. Wallners Geburtshaus ist ein einfacher Blockbau, steht unter Denkmalschutz und regt zu Überlegungen an, wie die Menschen vor zwei Jahrhunderten ohne Elektrizität und Motor lebten.

Der Krimmler Hinterlehenhof gehörte dem Schützenhauptmann Anton Wallner, der sich 1809 im Kampf gegen Napoleons Truppen hervorgetan hat. Bemerkenswert an diesem gut 400 Jahre alten Blockbau sind die zu Trägern der schmalen Balkone verlängerten Kopfschrote.

Land mit Charakter „entan Tauern"

Am Lungau beeindruckte vor 130 Jahren einen Grazer, dass hier „die Landwirtschaft erst beginnt, wo sie anderswo endet", nämlich bei rund 1 000 Metern Seehöhe. Die höchstgelegenen Höfe stehen auf knapp 1 500 Metern. „Entan Tauern" entwickelte der abgeschiedene Lungau seinen unverwechselbaren Charakter. Der Lungau war immer ein armes Land, das seit rund 300 Jahren das „Auspendeln" zu Arbeitsplätzen „in der Fremde" erzwingt. Hohes Ansehen genossen die „Sauschneider", die einst zwischen Bayern und Ungarn Rinder und Schweine kastrierten und damit Bargeld in die Heimat brachten. Das karge Leben seiner Bewohner bewahrte dem Lungau allerdings auch den unverwechselbaren Charakter seiner Dörfer und Höfe. Es fehlte eben das Geld zu oft fragwürdigen Erneuerungen.

Augenfällige Lungauer Charakterstücke sind die Bauernhöfe wegen der weit heruntergezogenen „Schopfdächer" mit vorne und hinten abgeschrägtem First. Schaulustige von weitum ziehen die einzigartigen Samsonfiguren an, die an Festtagen ausrücken, seit sie in der Aufklärung aus Prozessionen verbannt wurden. Einzigartig sind auch die gemauerten und bunt bemalten „Troadkästen", in denen Getreide und andere Lebensmittel ungleich sicherer vor gefräßigen Nagern sind als in Holzhütten. Im Lungau blieben die europaweit weitaus meisten römischen Meilensteine erhalten. Und nirgendwo im ländlichen Österreich gibt es mehr Sonnenuhren, was für den Sonnenreichtum des Lungaus spricht.

Ein bewaffneter Wächter schützt als Türbeschlag den Karner neben der Pfarrkirche von St. Michael.

Zu den Lungauer Kulturschätzen zählen schließlich romanische und gotische Kirchen mit einer Fülle mittelalterlicher Fresken.

In einer rund 50 Kilometer langen Fahrt mit dem Auto ab Mauterndorf rund um den Mitterberg und drei Abstechern ließen sich mit offenen Augen die weniger beachteten Kulturgüter des Lungaus erschließen – aber auch in Etappen, wenn man den Lungau und seine Berge erwandern will.

Mauterndorf bekam seinen Namen, weil Kaiser Heinrich II. 1002 einem Gehöft des Salzburger Domkapitels an dieser Engstelle des Handelsweges über den Radstädter Tauern das Mautrecht verlieh – das erste in den Ostalpen. Die ab 1253 gebaute

Die Madonna, Volksheilige sowie die Monogramme Jesu und Marias verzieren die Troadkästen. Diese Getreidespeicher sind zum Schutz vor Nagern gemauert. Das wellenförmige Bandornament umschließt den Kasten und heißt „umlaufender Hund". Er soll Nager ebenso verjagen wie die Soldaten Diebe.

Die Samsone sind das Markenzeichen des Lungaus.

Burg, die 1806 dem Verfall preisgegeben und erst Ende des 19. Jahrhunderts saniert wurde, sicherte diese Engstelle und übernahm das Mautrecht, weil die „Tauernstraße" durch die Burg verlief. Beachtenswert: das riesige Fresko des heiligen Christophorus im Burghof, die Fresken aus dem 15. Jahrhundert in der Burgkapelle und das Landschaftsmuseum. Auf dem Weg in das Marktzentrum gilt das „Augen auf" der „Brückenkeusche", einem uralten Blockbau vor der Fleischbrücke, und gleich dahinter dem „Putzhaus" mit gotischem Portal und einem römischen Meilenstein am Hauseck. Dann weitet sich die Hauptstraße, gesäumt von Treppengiebelhäusern. Über diesen Platz zogen in der hohen Zeit des transalpinen Handels zwischen Venedig und Salzburg im 16. und 17. Jahrhundert im Sommer täglich bis zu 300 Saumpferde mit je 168 Kilogramm Last auf dem Rücken. Das verschaffte Schmieden, Sattlern und Wirten einen goldenen Boden.

Grabrelief eines romanisierten keltischen Paares
am Kirchturm von St. Martin.

Nächstes Ziel ist die Kirche von St. Martin wegen eines römischen Grabreliefs an der Südseite des Turms, das für die tolerante Romanisierung der Kelten in den ersten vier Jahrhunderten spricht. Die Frau trägt noch die keltische Haube, der Mann hingegen die nach vorne gekämmte römische Frisur. In der linken Hand hält er zu einem Buch gebundene römische Schreibtäfelchen, was ihn als „Gebildeten" ausweist. An der Nordseite der Kirche stellt ein Freskenzyklus aus dem 14. Jahrhundert Christus als Weltenrichter sowie Apostel und Heilige dar. Nördlich der Kirche verlief nämlich die vor Hochwasser sichere Handelsstraße.

Die Kirche in St. Michael birgt spätgotische Fresken mit sehr seltenen Themen. Da halten zwei Erzengel mit Gabeln Dämonen in drei Kesseln nieder und über dem Südportal ist drastisch dargestellt, welche Höllenstrafen für die von den biblischen „Lasterkatalogen" abgeleiteten sieben Hauptsünden (Hochmut, Habsucht, Unkeuschheit, Zorn, Völlerei, Neid, Trägheit) drohen. Die häufige Bezeichnung „Todsünden" ist falsch, weil zum Beispiel Mord und Raub fehlen.

In St. Michael bietet sich ein 20 Kilometer langer Abstecher zu den Bergschätzen im engen Murtal an. In Schellgaden wurde das 800 Höhenmeter weiter oben gewonnene Gold verhüttet – mit wechselndem Erfolg, wie die durchschnittlichen Jahreserträge von zwei Kilogramm belegen. Hingegen erwies sich einst der Arsenbergbau in Rotgülden mit Spitzenerträgen von 56 Kilogramm als Erfolg. Hier bezog Venedig Arsen zur Herstellung des Muranoglases.

Muhr birgt allerdings wie Zederhaus einen einzigartigen Kulturschatz: die Prozessionen an den „Prangtagen" (von „Gepränge") am 24. bzw. 29. Juni mit den bis zu acht Meter hohen und bis zu 80 Kilogramm schweren „Prangstangen", die mit Blumengirlanden umwickelt sind. Dieser Brauch geht angeblich auf

Ein Fresko in der Kirche von St. Michael stellt drastisch die Höllenstrafen dar, etwa für die „verfluechte Unzucht".

das 15. Jahrhundert zurück, als Heuschreckenschwärme die beiden Hochtäler kahlfraßen. Damals gelobten die Menschen, jedes Jahr mit diesen Prangstangen über die Felder zu ziehen, damit sie vor Heuschreckenplagen verschont blieben.

Auf der Weiterfahrt nach Tamsweg sollte man am Ortseingang von Neggerndorf den mustergültig renovierten „Troadkasten" mit einer Sonnenuhr nicht übersehen. In Tamsweg steht kurz nach der Ortseinfahrt in einer Kapelle vor dem Spital eine besonders eindringlich gestaltete Madonna Immaculata: Sie setzt den rechten Fuß auf die Schlange, die einen Apfel im Maul hält – ein unmissverständlicher Hinweis auf die Verführung Evas im Paradies. Deshalb zertritt die Madonna die Schlange.

Auf dem geräumigen Marktplatz im Ortszentrum stechen vier

Statue der Immaculata
in der Kapelle vor dem
Tamsweger Spital.

Gebäude hervor: zwei behäbige Wirtshäuser; das 1570 als Sitz von Gewerken erbaute Rathaus, geschmückt mit der Madonna von Maria Plain, einer Immaculata (wie auch der Gellnwirt nebenan), einer Sonnenuhr und dem Wappen der Kuenburger; gegenüber ein niedriges klassizistisches Gebäude aus 1774, das 1824 stilgleich erweitert wurde. Fünf Sonnenuhren im Ortszentrum und deren zehn im Ortsgebiet weisen den Lungau als Österreichs Sonnenbecken aus. Wer hätte dafür sonst im 17. und 18. Jahrhundert Geld ausgegeben? Zum Vergleich: Tamsweg hat mehr Sonnenuhren als Salzburgs Altstadt.

Auf einem Abhang über Tamsweg steht das Glanzstück der Gemeinde: die 1433 eingeweihte Wallfahrtskirche St. Leonhard, die zu den bedeutendsten gotischen Sakralbauten im ländlichen Raum der Ostalpen zählt und überdies Salzburgs einzige Wehrkirche ist. Seit 1470 zogen türkische Reiterhorden mordend, plündernd und brennend durch die Steiermark und Kärnten. Deshalb zog man 1478 (wie um mehrere steirische und Kärntner Kirchen) eine Wehrmauer um St. Leonhard, damit die Bevölkerung dort Schutz finde. Obschon in der Kirche das berühmte „Goldene Fenster" aus dem 15. Jahrhundert die Blicke auf sich zieht, verdient die im Mittelalter populäre „Apostelmühle" von 1434 in der ersten Seitenkapelle rechts Aufmerksamkeit: Oben schütten die Evangelisten das Wort Gottes durch einen Trichter

Gotisches Portal des Putzhauses in Mauterndorf.

in die Mühle. Die Apostel kurbeln an der Mühle. Unten fangen Priester die Hostien auf und verteilen sie an die Mächtigen und das einfache Volk. Das ist ein Kapitel aus der „Biblia pauperum", eine bildliche Darstellung aus der Bibel, damit auch Analphabeten den Sinn verstehen.

In der Vorhalle verewigten sich Pilger mit Namen und Jahr in den Fresken von Heiligen. Diese Spuren von frühem Graffiti reichen bis in das 18. Jahrhundert zurück.

Einen Kilometer nördlich von Tamsweg zweigt in Wölting die Straße nach Lessach ab und führt sogleich in einer S-Kurve durch ein Ensemble von drei charakteristischen Lungauer Höfen. Lessach hat eine europäische Rarität – den Friedhof mit lauter gleichen Gräbern („Da setzt der Herr den Hobel an und hobelt alle gleich"): einheitlich schmiedeeiserne Kreuze und Einfassungen mit „Sarchen" (= schwarze Bretter mit silbrig aufgemaltem Christusmonogramm). Weil dieser Friedhof räumlich sehr beengt ist, wurden früher die sterblichen Überreste längst Verstorbener im Beinhaus unter dem Chor der Kirche nochmals beigesetzt, um Platz zu schaffen. Sehenswert ist auch der Gamsenhof südöstlich von Lessach am Osthang des Tales. Dieser Gruppenhof verweist auf den handwerklich weitgehend autarken Bauern: Wohnhaus, zwei Stadel (unten Stall, oben Tenne), eine Schmiede, ein „Troadkasten" und eine Kapelle.

In St. Andrä, der nächsten Station, erhebt sich am Ortseingang unübersehbar eines der großen Lungauer Wetterkreuze. Daran sind die „Arma Christi" (Waffen Christi gegen Unwetter) befestigt: alle Gegenstände, die Jesu Leidensgeschichte aufzählt, darunter Geißeln, Nägel, Dornenkrone, ganz oben der Hahn (der krähte, als Petrus Jesus verleugnete) und ganz unten Würfel (weil die Soldaten um Jesu Kleider würfelten). Am Kirchturm fallen zwei Uhren aus dem 17. Jahrhundert auf: eine Sonnenuhr und darunter eine von Gewichten betriebene Räderuhr. Blieb diese gelegentlich stehen, konnte man der Sonnenuhr die genaue Zeit

Friedhof Lessach. „Da setzt der Herr den Hobel an und hobelt alle gleich."

Das Dach über dem Schlitz alter Opferstöcke (wie in der Kirche von St. Andrä) sollte das „Münzfischen" verhindern: das Einführen einer mit Vogelleim bestrichenen dünnen Gerte.

ablesen. Hinter dem Andlwirt steht der mustergültig restaurierte „Troadkasten" aus 1764 mit dem „umlaufenden Hund" (Bandornament), Jagdszenen und Torwächtern.

Die nächste Station heißt Lintsching. Das klingt zwar chinesisch, bezeichnet aber ein in seinem ursprünglichen Charakter weitgehend erhaltenes Dorf: acht Höfe und zwei Keuschen (= etwa „Kleinhäusler"). Besonders eindrucksvoll ist das Ensemble an der Südeinfahrt dieses Dorfes.

Im Marienwallfahrtsort Mariapfarr schrieb der Hilfspriester Josef Mohr 1816 das „Stille Nacht" (dazu Stille-Nacht-Museum). Ihn inspirierte augenscheinlich ein gotisches Tafelbild von etwa 1500 links am Hochaltar: Maria hält auf dem Schoß das blondgelockte Jesuskind, dem die Weisen aus dem Morgenland ihre Gaben darbringen. Das ist der „holde Knab' im lockigen Haar". Zur kunstgeschichtlichen Extraklasse zählen die im 13. und 14. Jahrhundert geschaffenen Fresken im Chor: links die Geburt Jesu (in Windeln verschnürt), Maria zieht nach der Geburt ihr Gewand über die Blöße und Josef bestaunt das Christkind, rechts vorne die Schutzmantelmadonna, die das Christkind als Schmerzensmann im Arm hält. In der Georgskapelle schildert ein Fresko sehr drastisch das Martyrium des heiligen Drachentöters.

Die Lungauer Wetterkreuze fallen durch
ihre Größe und Ausgestaltung auf.

Auf dem Weg zurück nach Mauterndorf lohnt ein (gut be-
schilderter) Abstecher zur ehemaligen Schlosskirche der Herren
von Weißpriach. Der Bau stammt aus dem 11. Jahrhundert und
enthält Fresken aus dieser Zeit. In der Apsis thront auf einem Re-
genbogen Gott, der Weltenrichter, umgeben von den Symbolen
der vier Evangelisten: Engel = Matthäus, Löwe = Markus, Stier =
Lukas, Adler = Johannes. Kardinal Burkhard von Weißpriach war
von 1461 bis 1466 der letzte Salzburger, der den 1803 aufgehobe-
nen Kirchenstaat Salzburg regierte. Das Domkapitel wählte nämlich fortan immer „Ausländer" – unter anderem Südtiroler, Vor-
arlberger, Kärntner, Steirer oder Mährer. Dabei spielte auch die
„außenpolitische" und diplomatische Neutralität eines kleinen
Landes zwischen Österreich und Bayern eine Rolle.

In Lintsching schützen „Schopfdächer" gleichermaßen „Keuschen" und Höfe.

Am Ende dieser Rundtour steht Besinnliches, nämlich eine unauffällige Rarität von europäischem Rang in St. Gertrauden: ein kleines ummauertes Geviert an der Friedhofsmauer – der „Friedhof für unschuldige Kinder", die ungetauft starben und daher nicht in geweihter Erde bestattet werden durften. Dafür fehlt uns heute das Verständnis, aber man wusste es damals nicht besser und meinte es doch gut.

Der „holde Knabe im lockigen Haar" auf diesem gotischen Tafelbild in der Kirche von Mariapfarr inspirierte 1816 den Hilfspriester Josef Mohr zum Lied „Stille Nacht".

Kennzeichen der „Volksheiligen"

Als nur eine dünne Oberschicht das Lesen und Schreiben beherrschte, entwickelte die religiöse Kunst ab dem Mittelalter die „Biblia pauperum". Diese „Bibel der (an Bildung) Armen" stellte Gott und die Heiligen in Fresken, Glasfenstern und Statuen dar. Damit jeder diese Personen erkenne, versah man sie mit „Attributen", also „Beigaben" als Kennzeichen.

Vier Heilige stehen vor dem Portal des Salzburger Doms: Bischof Rupert († 718), Gründer Salzburgs, ist am *Salzfässchen* erkennbar, und Bischof Virgil († 784), Erbauer des ersten Doms, an einer *Kirche mit zwei Türmen*. Petrus († 67), der erste Papst und Märtyrer (mit dem Haupt nach unten gekreuzigt), hält den *Schlüssel* (zum Himmelreich), Paulus († 67) ein *Buch* (Apostel) und ein *Schwert*, weil er enthauptet wurde.

In Kirchen, Kapellen und auf Bildstöcken sieht man immer wieder die populären „Volksheiligen", erkennbar an ihren Attributen:

Wasserschaff und brennendes Haus – Florian († 304), römischer Offizier, Kommandant einer Feuerwehrtruppe, wegen seines Glaubens in der Enns ertränkt.

Kruzifix und Palme (Martyrium) – Johannes von Nepomuk († 1393) wurde in der Moldau ertränkt (daher „Brückenheiliger"), weil er das Beichtgeheimnis der Königin nicht brechen wollte.

Muschel und Buch (Apostel) – Jakobus d. Ä. († ca. 44), Märtyrer, Patron der Pilger.

Drache, Stabkreuz, eiserner Kamm (Marterwerkzeug) – Margaretha (4. Jahrhundert). Sie tötete mit dem Stabkreuz einen Drachen (Symbol des Teufels), wurde wegen ihrer Glaubenstreue mit einem eisernen Kamm gefoltert und dann enthauptet.

Turm, Schwert (Martyrium), *Kelch* (Nothilfe in der Sterbestunde) – Barbara († 3. Jahrhundert), wegen ihrer Standhaftigkeit von ihrem Vater erst in einen Turm gesperrt und dann enthauptet.

Rad und Schwert – Katharina († um 313), wegen ihrer Glaubenstreue mit einem messerbesetzten Rad gemartert, das aber ein von Gott gezündeter Blitz zertrümmerte, und dann enthauptet.

Ein volkstümlicher Merkspruch fasst diese drei heiligen Jungfrauen zusammen: „Margaretha mit dem Wurm (Drache), Barbara mit dem Turm, Katharina mit dem Radl, das sind die drei heiligen Madl."

Buch (Gelehrsamkeit), *Kirchenmodell* – Hildegard von Bingen († 1179), Äbtissin, Mystikerin und Naturwissenschaftlerin.

Kirche und Abtsstab – Erentrudis († 718), erste Äbtissin des Klosters Nonnberg.

Häftlingskette, Abtsstab – Leonhard († 559), Benediktiner und Betreuer von Gefangenen, daher die Kette. Sie wurde aber als Rinderkette missdeutet, weshalb Leonhard Patron der Haustiere ist.

Ritter, Lanze, Drache – Georg († 303), tötete einen Drachen (Teufel), der eine jungfräuliche Königstochter bedrohte, wurde gemartert und enthauptet. Er ist Nothelfer für kranke Haustiere.

Bischof mit Stab, Buch und drei goldenen Äpfeln (auch Kugeln oder Geldbeuteln) – Nikolaus († 351) bewahrte drei Jungfrauen vor Unzucht, indem er ihnen nachts drei goldene Kugeln durch das Fenster warf, damit sie sich die Heiratsausstattung beschaffen konnten.

Bischof mit Kirche und Beil – Wolfgang († 994), Benediktiner, Reformer der Klöster, Begründer von St. Wolfgang im Salzkammergut, wohin ihn ein von Gott gelenkter Wurf mit einem Beil geführt hatte.

Ritter, zerschnittener Mantel, Bettler – Martin († 397), teilte als Soldat seinen Mantel mit einem frierenden Bettler, später Bischof.

Das Gegenlicht zaubert um den Salzburger
Residenzbrunnen einen feinen Wasservorhang.

Clemens M. Hutter

Dr. phil., geboren 1930, war Ressortchef für Außenpolitik bei den Salzburger Nachrichten, Publikationen zu historischen und ökologischen Themen. 45 Bücher mit den Schwerpunkten Sozialgeschichte der Ostalpen, Zeitgeschichte und Alpinistik. Verfasser zahlreicher Bildbände, Wander- und Themenführer im Verlag Anton Pustet.

Über den Gipfeln
Alpen aus der Vogelperspektive

176 Seiten, großformatige Panoramafotografien
29,7 x 24 cm, Hardcover mit Schutzumschlag
€ 34,00, ISBN 978-3-7025-0702-2

Iuvavum
Alltag im römischen Salzburg

176 Seiten
durchgehend farbig
und s/w bebildert
21 x 24 cm
Hardcover
€ 25,00
ISBN 978-3-7025-0666-7

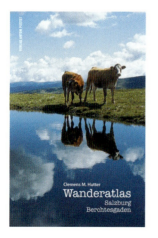

Wanderatlas
Salzburg – Berchtesgaden

336 Seiten
zahlreiche Abbildungen, Karten
11,5 x 18 cm
französische Broschur
€ 22,00
ISBN 978-3-7025-0619-3

Verewigt in Salzburg

Steinerne Zeugen
an Häusern und Plätzen

228 Seiten
durchgehend farbig bebildert
11,5 x 18 cm
französische Broschur
€ 21,00
ISBN 978-3-7025-0618-6

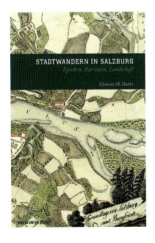

Stadtwandern in Salzburg

Epochen, Raritäten, Landschaft

264 Seiten
zahlreiche Abbildungen
11,5 x 18 cm
französische Broschur
€ 21,00
ISBN 978-3-7025-0563-9

www.pustet.at

Lesen Sie uns kennen.